民建中央建华企业家课堂 广东分课堂 三合商学院基地 丛书

?!√ 觉知企业自动运营密码
顿悟企业经营至高境界

企业领袖三合智慧

三合智慧研究院
三合智慧商学院 著

中国经济出版社
CHINA ECONOMIC PUBLISHING HOUSE

图书在版编目（CIP）数据

企业领袖三合智慧 / 三合智慧研究院，三合智慧商学院著.

北京：中国经济出版社，2018.1

ISBN 978 — 7 — 5136 — 4861 — 5

Ⅰ．①企… Ⅱ．①三… ②三… Ⅲ．①企业领导学—研究

Ⅳ．① F272.91

中国版本图书馆 CIP 数据核字（2017）第 226338 号

责任编辑	叶亲忠
责任印制	马小宾
装帧设计	企业三合智慧系列丛书编辑部
图书策划	广州三合智慧企业文化发展有限公司
智慧支持	三合智慧研究院
	三合智慧商学院
	花城商学院
	民建中央建华企业家课堂
	中国智慧企业家交流中心
出版支持	淘心互销K2K中国企业家联盟
	企业三合智慧展览馆（广州馆）
	广州心合教育投资有限公司
	广东花城学院
出版发行	中国经济出版社
印 刷 者	北京富泰印刷有限责任公司
经 销 者	各地新华书店
开 本	787mm×1092mm　1/16
印 张	17.5
字 数	300千字
版 次	2018年1月第1版
印 次	2018年1月第1次
定 价	100.00元

广告经营许可证　京西工商广字第8179号

中国经济出版社 网址 www.economyph.com 社址 北京市西城区百万庄北街3号 邮编100037
本版图书如存在印装质量问题，请与本社发行中心联系调换（联系电话：010 — 68330607）

版权所有　盗版必究（举报电话：010 — 68355416　010 — 68319282）
国家版权局反盗版举报中心（举报电话：12390）　服务热线：010 — 88386794

与天合 与地合 与人合 自动与心合
为中华民族伟大复兴而奋斗终生

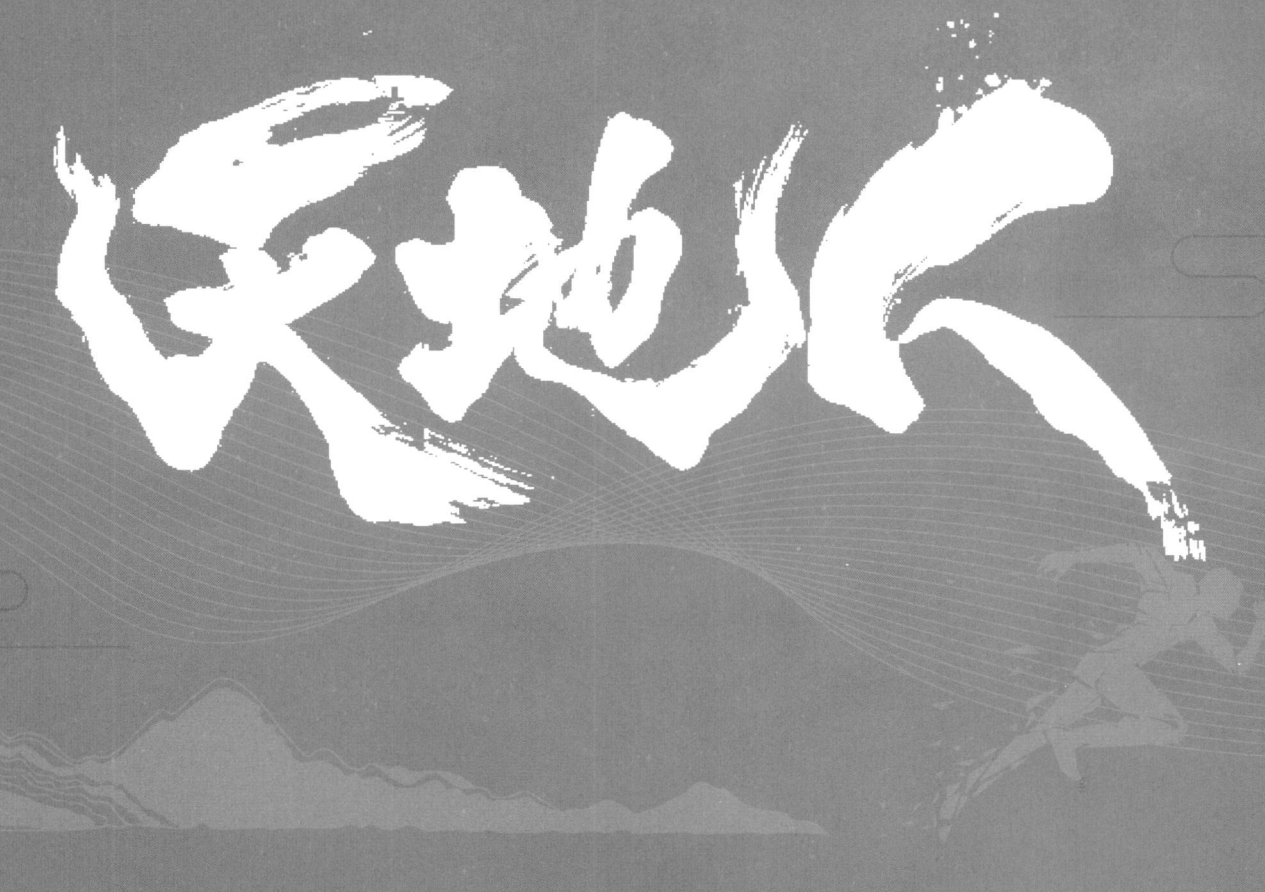

智慧支持

中国中小企业三合思维引领者
企业三合智慧传播机构

与天合 与地合 与人合 自动与心合
为中华民族伟大复兴而奋斗终生

与天合

与地合

与人合

自动与心合

智慧支持

?!∨ 三合 中国中小企业三合思维引领者
企业三合智慧传播机构

与天合与地合与人合自动与心合
为中华民族伟大复兴而奋斗终生

三合智慧
由心而生

三合思維
鏗鏘有聲

三合境界
樂行四海

智慧支持

?!∨ 三|中国中小企业三合思维引领者
　　 合|企业三合智慧传播机构

?!√

与天合　与地合　与人合　自动与心合
为中华民族的伟大复兴而奋斗终生

序言
PREFACE

为梦想而奋斗不息

实现中华民族伟大复兴的中国梦，归根究竟是让人民共同享有人生出彩和梦想成真的机会。大众创业、万众创新是激发亿万群众智慧和创造力的重大改革举措，是实现国家强盛、人民富裕的重要途径。

然而，创办和经营企业却并不容易，甚至充满了陷阱和危机。据统计：中国私营企业的平均寿命只有2.9年，中国每年约有100万家私营企业破产倒闭，60%的企业将在5年内破产，85%的企业将在10年内消亡，能够生存3年以上的企业只有10%……这一组组数字令人触目惊心。

三合智慧研究院、三合智慧商学院融合古今中外圣贤的思想，经过五年的实践、思考、研发，提炼成一套适合我国中小企业的实用有效的《企业领袖三合智慧》课程体系。该体系内容包括企业家九大方面提升和修炼：企业运营智慧、企业营销智慧、企业健康智慧、企业产品智慧、企业资本智慧、企业境界智慧、企业演说智慧、企业执行智慧和企业心合智慧。

与天合二重天。

只有分得清楚，才能合得愉快，《企业领袖三合运营智慧》让员工不是亲人胜似亲人。

信用是企业制胜的唯一法宝，《企业领袖三合营销智慧》让员工相信产品就像相信自己的性别一样坚定。

与地合三分地。

健康已成为企业家的头等大事，《企业领袖三合健康智慧》分享健康之秘诀，用天合心态、地合饮食、人合运动，让充沛的体能承载我们伟大的使命。

物美价廉已经不能代表这个时代，《企业领袖三合产品智慧》用智慧把产品无限升值，让我们的产品畅销全世界。

资本时代已经来临，《企业领袖三合资本智慧》让企业家构建资本系统，用资本让企业腾飞。

与人合三境界。

人合第一如何想？起心动念定结果。《企业领袖三合宗教智慧》让企业找到灵魂，实现用企业产品帮助更多的人走向幸福。

人合第二如何说？气质逻辑激情说。《企业领袖三合演说智慧》让企业家的气质和人格魅力把独到的见解和观点以爱的形式释放出来，让人喜欢，让人相信，让人行动。

人合第三如何干？想说写做省后干。《企业领袖三合执行智慧》让企业拥有军队般的执行力。

落地三方案。

落地第一与天合，员工顾客保你合。《企业激励分红方案班》让企业团队以业绩来证明自己的价值，直奔工作核心。

落地第二与地合，体力业绩立即合。《企业营销系统方案班》让企业自动运营，就像月亮围绕地球转，地球围绕太阳转。

落地第三与人合，人人操心企业合。《企业文化系统方案班》让老板遵循天道，让员工敬畏师道，让全员懂得孝道，用三道文化把企业核心理念显现，用三合文化把企业核心精神传承。

落地核心与心合，心合智慧心心合。《企业领袖心合智慧》让我们爱员工就像爱自己的孩子一样，让我们爱顾客就像爱家人一样，让我们爱社会就像爱家族一样自然流淌。

企业领袖三合智慧九大主干课和三大方案班系列课程一经推出，以其先进的理念、鲜活的案例、生动的讲解、碰撞的互生、实用落地的课程吸引了全国各地的企业家前来学习并迅速引起巨大反响。

中国企业家在尊时守位、知常达变、开物成务、发展壮大过程中培育和形成的企业管理理念，如革故鼎新、与时俱进的企业思想，脚踏实地、实事求是、惠民利民的企业理念，道法自然、天人合一的企业文化，与三合智慧理念不谋而合。可以说，三合智慧体系是中华五千年优秀传统文化的传承体现，三合智慧倡导的理念与中华民族最深沉的精神追求非常吻合，是企业生生不息、发展壮大的企业滋养供给站，是中国特色社会主义新时代的企业文化沃土。也可以说，三合智慧体系是对中华优秀传统文化在企业管理上的延续和发展。

三合智慧的理念、气度、神韵，将增添中国企业家内心深处的自信和自豪，为建设企业文化，增强企业文化软实力，可以为企业改造和升级、治理提供有益启迪和有益借鉴。三合智慧大力弘扬的重员工、爱顾客、守诚信、崇正义、尚和合、求大同的理念本质上就是传承发展中华优秀传统文化，一定能为企业家提升管理水平和管理境界起到助推作用。

三合智慧理念是中华优秀传统文化蕴含的道德理念和规范在企业上表现，如天下兴亡、匹夫有责的企业担当意识，精忠报国、振兴中华的企业爱国情怀，崇德向善、见贤思齐的企业用人风尚，孝悌忠信、礼义廉耻的企业荣辱观念。传承发展中华优秀传统文化，就要大力弘扬企业自强不息、企业敬业乐群、企业扶危济困、企业见义勇为、企业孝老爱亲等中华传统美德。

三合智慧理念是中华优秀传统文化积淀着多样、珍贵的精神财富在企业上表现，如求同存异、和而不同的企业竞争思维，文以载道、以文化人的企业文化思想，形神兼备、情景交融的企业美学追求，俭约自守、中和泰和的企业生活理念，滋养了当代企业家的独特情怀。

作为中国特色社会主义新时代的企业家，传承发展中华优秀传统文化是我们这代人的历史责任，在中华优秀传统文化的忠实继承、弘扬和建设中应该有一份自己的建树。

在三合商学院EMBA总裁班企业家学员和各界朋友的热情支持下，三合智慧团队现将企业三合智慧课程体系要点和精华以图书的形式正式出版，本书希望能够给企业家特别是中小企业家们有实际的帮助。

本书在出书的形式上、版式上力求突破传统的管理智慧图书，不仅理论创新，而且版式创新，赋予了图书新的生命力。

希望本书的三合智慧理念、观点、措施对企业提高效率有一定实际效果，更加希

望三合智慧能助力中国的企业更加智慧、更加强大,助力我们的生活更加幸福、更加美好。

同时,希望本书能够在我国企业管理培训方面起到抛砖引玉的作用,引起业界和学界对企业三合智慧的广泛探讨,对我国企业管理智慧方面能起到投石问路的作用。

企业智则中国智,企业强则中国强。

三合智慧团队愿与我国企业家和各界朋友一起为促进中国商业文明和实现中华民族伟大复兴的中国梦而奋斗不息。

是为序。

罗德达

2017年12月8日于广州

引言
INTRODUCTION

何为三合智慧

中国智慧，源远流长，博大精深。

本书所述三合智慧明确、系统、深刻地提出了企业领袖"与天合、与地合、与人合"，强调企业与天地合一，企业与自然和谐，企业对天地与自然持有极其虔诚的敬爱之心。

三合智慧有三个维度、九大板块和三大应用。三个维度从三合智慧、三合思维、三合境界出发，阐述体系的实践性；九大板块讲述了三合智慧在企业落地的九大修炼；三大应用是指三合智慧在个人、家庭和企业的应用。

三合智慧是融合儒、释、道等经典文化内涵，透过企业外部联系和表现特征，揭示出企业成长发展规律的经营智慧。三合智慧指出了在企业经营发展方面与天合、与地合、与人合的智慧。

"与天合"说的是企业要有二重天的思维，第一重天指员工，第二重天指顾客。

"与地合"说的是企业领袖要有"一亩三分地"的思维，第一分地指企业领袖身体健康，第二分地指企业产品，第三分地指企业资本。

"与人合"说的是经营的三种境界，第一境界如何想？也就是老板起心动念的问题。第二境界如何说？也就是老板如何说的问题。第三境界如何干？也就是企业团队执行力的问题。

"自动与心合"说的是企业领袖在"与天合""与地合""与人合"方面达到一定境界，就会出现达到"内外亲和福东海，天地人合贵八方"，也就是企业领袖在经营境界上达到德行天下、乐行四海、大爱无疆的境界。

 企业领袖三合智慧

三合智慧的标志解读

解读一：使用在天、地、人之间

? 代表天，是一个充满问号的地方，需要人类不断地探索。

! 代表地，是一个供养人类的地方，需要人类永远地爱护。

√ 代表人，是一个有思想的人类，需要明辨是非对错，为了梦想不断奋斗。

解读二：使用在企业发展上

? 代表员工的困惑、客户需求。

! 代表企业带领员工为顾客提供产品或解决方案，然后与员工一起实现梦想。

√ 客户、员工表示认可企业的产品或方案，成为企业的忠实粉丝。

解读三：使用在企业领袖智慧与境界提升上

? 代表企业领袖在企业运营过程中的困惑和困难。

! 代表企业领袖获得企业运营的策略、智慧、方案、境界。

√ 代表企业领袖与员工、与合作伙伴一起飞翔，走向成功，实现梦想。

三合智慧的标志延伸

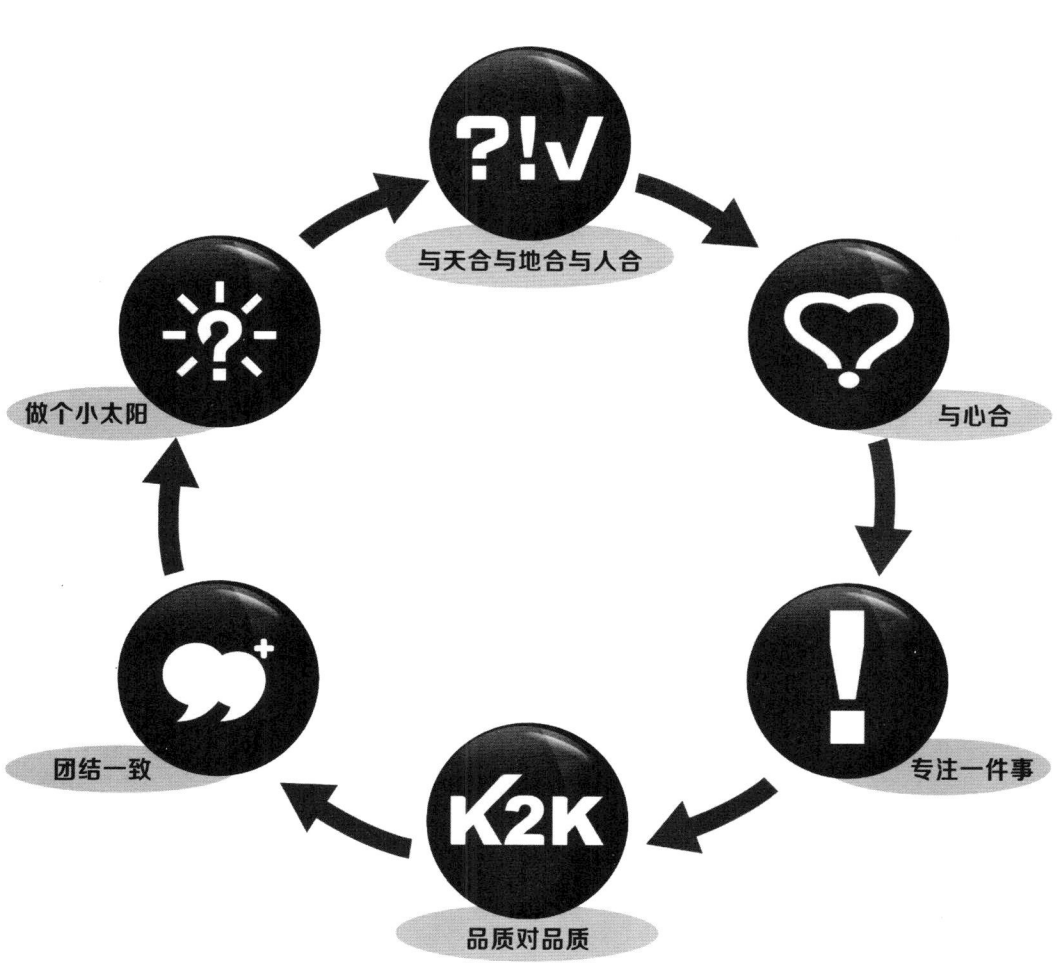

三合智慧的三个维次

智慧的维次

智慧的维次是指三合智慧在解决方法、解决困难、解决技术的经营管理智慧层面。例如,员工激励智慧、营销策略智慧、团队打造智慧、企业文化智慧、沟通智慧、精细化管理智慧、运营流程智慧、执行智慧、管控智慧、产品智慧等问题的解决方法、通道、策略。

思维的维次

思维的维次指的是思想的层面、出发点的层面,指的是世界观、人生观、价值观的层面,是方法论、是纲领、是指南针。具体就是"三合思维出智慧、事不成典誓不休,成功何须问大小、心合境界论英雄"。

境界的维次

境界的维次指的是自然流淌的精神层面,很自然的不需要思考。三合境界表现在企业运行上,在企业中的具体表现就是爱员工就像爱自己的孩子一样,爱顾客就像爱自己的亲人一样,爱社会就像爱自己的家庭一样自然流畅;表现在产品上,就是用企业产品让顾客生活得更幸福、更美好。

三合智慧的三大应用

三合智慧应用在个人

三合智慧应用在个人上,主要表现在个人的"天"是什么?在哪里?个人的"地"是什么?在哪里?个人的"人"是什么?在哪里?如何找到自己的"天""地""人"?如何才能三合?等等。

三合智慧应用在家庭

三合智慧应用在家庭上,主要表现在家庭的"天"是什么?在哪里?家庭的"地"是什么?在哪里?家庭的"人"是什么?在哪里?如何找到家庭的"天""地""人"?如何才能三合?等等。

三合智慧应用在企业

三合智慧应用在企业上,主要表现在企业的"天"是什么?在哪里?企业的"地"是什么?在哪里?企业的"人"是什么?在哪里?如何找到企业的"天""地""人"?如何才能三合?等等。

三合智慧中国行

三十万企学智慧，觉知自己很智慧。
转身落地忙分配，好多企业好多泪。
大师高人对我说，落地智慧你去说。
漯河顶山初涉水，万家企业鱼中水。
与天与地与人合，落地命脉与心合。
心身脑合拜黄帝，拜祖拜先拜天地。
轩辕祖先与我说，三合智慧铁定说。
受邀企业去明了，员工老板未明了。
其实老板爱员工，员工其实愿用功。
企业为何不太合，大伙总结缺三合。
落地第一与天合，员工顾客保你合。
落地第二与地合，体力业绩立即合。
落地第三与人合，人人操心企业合。
落地核心与心合，心合智慧心心合。
心合姐妹拜大佛，我佛即是三合佛。
草根企业也佛心，三合智慧合佛心。
德心一心伴你行，我来服务行不行。
先祖佛祖齐说行，三合智慧中国行。

企业领袖三合智慧金字塔

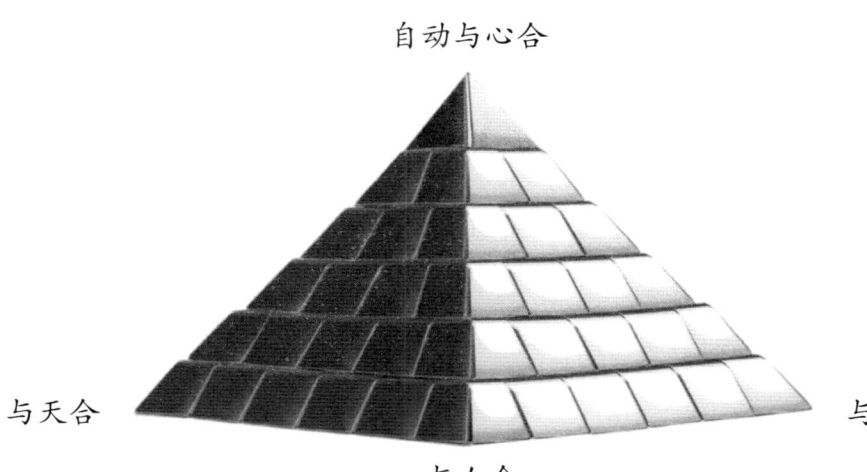

企业领袖必修课程

与天合

第一重天（员工）:《企业领袖三合激励智慧》

第二重天（顾客）:《企业领袖三合营销智慧》

与地合

第一分地（身体）:《企业领袖三合健康智慧》

第二分地（产品）:《企业领袖三合产品智慧》

第三分地（资本）:《企业领袖三合资本智慧》

与人合

第一境界（如何想）:《企业领袖三合宗教智慧》

第二境界（如何说）:《企业领袖三合演说智慧》

第三境界（如何干）:《企业领袖三合执行智慧》

自动与心合

自动心合法门:《企业领袖心合智慧》

与天合与地合与人合自动与心合
为中华民族伟大复兴而奋斗终生

三合智慧入选
CCTV 中国品牌创新发展工程

智慧支持
三合|中国中小企业三合思维引领者
合|企业三合智慧传播机构

目录 CONTENTS

序言
    为梦想而奋斗不息 ··· i

引言
    何为三合智慧 ·· i
    三合智慧的标志解读 ·· ii
    三合智慧的标志延伸 ·· iii
    三合智慧的三个维次 ·· iv
    三合智慧的三大应用 ·· v
    三合智慧中国行 ·· vi
    企业领袖三合智慧金字塔 ··· vii
    三合智慧入选CCTV中国品牌创新发展工程 ······················· viii

第一章　与天合 ·· 1

- 对于企业而言，企业有二重天。
- 第一重天就是内部顾客即内天，也就是企业员工。
- 第二重天就是外部顾客即外天，也就是企业顾客。
- 与天合就是企业领袖要修炼的企业与员工、企业与顾客之间的智慧，具体就是与员工合、与顾客合的智慧，即与内天合《企业领袖三合激励智慧》和与外天合《企业领袖三合营销智慧》两大智慧

第一讲　企业领袖三合激励智慧·· 2

　　问：提升员工的积极性是管理有效？还是激励更有效？············· 3
　　问：何为激励？·· 4
　　问：激励有哪八大原则？··· 4
　　问：激励有哪四大作用？··· 6
　　问：激励有哪四大因素？··· 7
　　问：激励有哪八大方式？·· 10
　　问：薪酬激励有哪五大机制？·· 14
　　问：期权激励有哪四个步骤？·· 15
　　问：股权激励有哪五大关键？·· 17
　　问：股权激励有哪八大步骤？·· 19
　　问：股权激励有哪九条生命线？··· 25
　　问：股权激励进退有哪三个原则？·· 25
　　问：激励让员工产生哪六大感觉？·· 27
　　再问：企业领袖激励员工应重视的另外74个问题。················· 33

　一转身：
　　带着企业激励问题，进入《企业领袖三合激励智慧研讨会》，三合智慧团队将与你共同探讨符合你企业员工的激励方案。·· 35

　行深一步：
　　企业要发展、要腾飞，外部顾客至关重要，谁拥有顾客谁就拥有未来。请进入第二讲《企业领袖三合营销智慧》，从不同的视角、不同的切入点解析三合智慧，以飨读者。··· 35

第二讲　企业领袖三合营销智慧·· 36

　　问：何为市？·· 37
　　问：何为场？·· 38
　　问：何为营？·· 38
　　问：何为销？·· 39
　　问：销售的"销"到底销什么？·· 39

问:"销自己"的三大通道是什么? ··· 40
问:销售的"售"到底售什么? ··· 42
问:"售观念"的四大通道是什么? ··· 42
问:买卖中"买"的真谛是什么? ··· 45
问:买卖中"卖"的真谛是什么? ··· 45
问:销售过程中有效沟通的四大通道是什么? ··· 46
问:成功销售的五大心法是什么? ··· 49
问:市场营销有哪五大方略? ··· 51
问:何为4P营销? ··· 52
问:何为6P营销? ··· 53
问:何为11P营销? ·· 53
问:何为4R营销? ··· 54
问:何为4C营销? ··· 56
问:影响市场营销效果的六大宏观因素是什么? ······································· 57
问:影响市场营销效果的六大微观因素是什么? ······································· 58
问:做好市场营销必须清醒的七大问题是什么? ······································· 59
再问:企业营销应重视的另外82个问题。 ·· 62

一转身:

带着企业营销问题,进入《企业领袖三合营销智慧研讨会》,三合智慧团队将与你共同探讨符合你企业的营销方案。 ··· 64

行深一步:

企业领袖的一亩三分地又是什么呢?如何洞悉?如何耕耘?请进入第三讲《企业领袖三合健康智慧》,从不同的视角、不同的切入点解析三合智慧,以飨读者。
··· 65

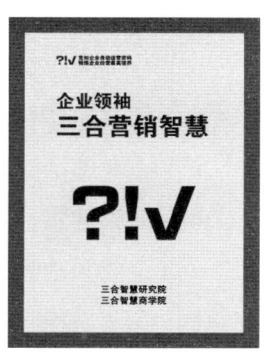

第二章　与地合 ………………………………………… 67

- 对于企业领袖而言，要做好的事情非常多，但有三件事是必须做好的，也就是企业领袖要耕耘的三分"地"，第一分地是身体健康，第二分是企业产品，第三分地是企业资本。
- 对于企业而言，与地合就是企业领袖必须修炼的扎根智慧，具体就是《企业领袖三合健康智慧》《企业领袖三合产品智慧》《企业领袖三合资本智慧》三大智慧。

第三讲　企业领袖三合健康智慧 ………………………… 68
问：企业领袖健康有何堪忧？ ………………………………… 68
问：企业领袖健康应该有怎样的健康思维？ ………………… 70
问：国宴都吃什么？有何玄机？ ……………………………… 72
问：首长们都吃什么？有何玄机？ …………………………… 74
问：企业领袖的健康饮食有何玄机？ ………………………… 76
问：何为健康运动？有何玄机？ ……………………………… 77
问：各国元首有哪些健身爱好？ ……………………………… 78
问：企业领袖健身运动有哪些玄机？ ………………………… 81
问：何为健康心态？ …………………………………………… 83
问：企业领袖应该具备怎样的良好心态？ …………………… 83
问：企业领袖应有怎样的健康心态？ ………………………… 86
问：目前企业领袖有哪些紧急重大的健康隐患？如何应对？ … 89
问：何为企业领袖三合健身操？有何玄机？ ………………… 98
问：何为健康管理？ …………………………………………… 100
问：企业领袖加强健康管理有何重要的意义和目的？ ……… 101
再问：企业领袖身体健康应重视的另外23个问题。………… 102

一转身：

　　带着健康的问题，进入《企业领袖三合健康智慧研讨会》，三合智慧团队将与你共同探讨符合你身体状况的健康方案。……………………………………………… 104

行深一步：

　　思想健康透视着一个人的品德，企业产品则突显着一个人的品质。何为三合产品智慧？有何玄机？请进入第三讲《企业领袖三合产品智慧》，从不同的视角、不同的切入点解析三合智慧，以飨读者。…………………………………………………104

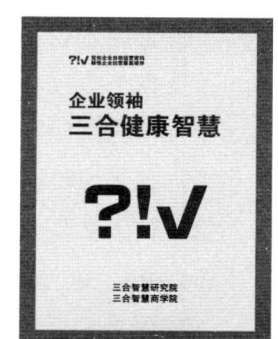

第四讲　企业领袖三合产品智慧……………………………105

　　问：何为产品入眼？怎样的产品才能被"眼"青睐？有何通道？………106
　　问：何为产品入脑？怎样的产品才能被"脑"认可？有何通道？………108
　　问：何为产品入心？怎样的产品才能被"心"喜欢？有何通道？………109
　　问：何为产品入神？怎样的产品才能让顾客"神往"？有何通道？……111
　　再问：企业领袖应另外重视的23个产品问题。………………………115

一转身：

　　带着企业产品的问题，进入《企业领袖三合产品智慧研讨会》，三合智慧团队将与你共同探讨符合你产品问题的处理方案。…………………………………………… 116

行深一步：

　　企业的第三分地是什么？请进入第五讲《企业领袖三合资本智慧》，从不同的视角、不同的切入点解析三合智慧，以飨读者。………………………………………… 116

第五讲　企业领袖三合资本智慧……………………………117

　　问：何为资本？有哪些分类？…………………………………………117
　　问：何为资本思维？……………………………………………………118
　　问：企业领袖必须具备的八大资本思维是什么？……………………119
　　问：何为资本市场？资本市场的本质是什么？………………………124
　　问：何为资本运作？有何玄机？………………………………………125

问：何为企业并购？企业收购过程中要注意哪些流程？·················126
问：何为股权众筹？股权众筹有哪些类别？·················128
问：何为天使投资？天使投资有哪些特性？·················130
问：何为风险投资？风险投资有哪些功能？·················132
问：何为私募股权投资？·················134
问：PE、VC及天使投资有何区别与联系？·················135
问：何为主板？中小板？创业板？新三板？新四板？·················135
问：何为企业上市？如何做好企业上市整体统筹工作？·················138
再问：企业领袖应另外重视的78个资本问题。·················144

一转身：
　　带着企业资本的问题，进入《企业领袖三合资本智慧研讨会》，三合智慧团队将与你共同探讨符合你企业的资本方案。·················147

行深一步：
　　企业领袖管理企业的三种境界是什么呢？如何想？如何说？如何干？请进入与人合，从不同的视角、不同的切入点解析三合智慧，以飨读者。·················147

第三章　与人合·················149

- 优秀的企业领袖都有一套经营管理模式和管理理念。不论何种管理模式，都脱离不了企业内外和谐的状态，也就是与人合的状态。对于企业而言，与人合在企业上有三种境界。
- 人合第一如何想？起心动念定结果。
- 人合第二如何说？气质逻辑激情说。
- 人合第三如何干？想说写做省后干。
- 所以说，企业领袖与人合有三大境界，就是如何想、如何说、如何干的境界问题。这也是企业领袖要修炼的境界三大智慧，具体就是《企业领袖三合宗教智慧》《企业领袖三合演说智慧》

《企业领袖三合执行智慧》三大智慧。

第六讲　企业领袖三合宗教智慧·················150

　　问：如何将宗教智慧应用于企业？·················151
　　问：何谓宗教五大法门？·················158
　　问：何为"虔诚"？我对待我的顾客有无宗教般的虔诚？·················158
　　问：何为"交给"？我对待我的事业有无宗教般的交给？·················162
　　问：何为"敬畏"？我对待我的产业有无宗教般的敬畏？·················165
　　问：何为"禁忌"？我对待我的产业有无宗教般的禁忌？·················169
　　问：何为"信念"？我对待我的产业有无宗教般的信念？·················173
　　再问：企业领袖应另外重视的28个企业文化问题。··· 177

一转身：
　　带着企业文化、企业精神的问题，进入《企业领袖三合宗教智慧研讨会》，三合智慧团队将与你共同探讨符合你企业文化、企业精神方案。·················178

行深一步：
　　请进入第七讲《企业领袖三合演说智慧》，从不同的视角、不同的切入点解析三合智慧，以飨读者。·················178

第七讲　企业领袖三合演说智慧·················179

　　问：何为演说？有哪几种类别？·················180
　　问：为何说精湛演说可以让企业具有不可估量的魅力？·················181
　　问：演说稿有何格式？有何主要内容？·················183
　　问：哪些情愫在有效演说中具有重要的影响？·················184
　　问：做好演说有哪六个绝佳的方法？·················184
　　问：如何准备好一场魅力四射的演讲？·················186
　　问：路演要传达哪八个最重要的信息才能吸引投资人？·················189
　　问：以坚定产业信念为主题进行有效演说？·················192
　　问：以谢字主题的即兴演说模式有何玄机？·················193
　　问：环境（场）对说话效果有何影响？在演说中应该注意什么？·················193
　　问：企业领袖为何要参加演说智慧和演说训练？·················195

再问：企业领袖应另外重视的43个演讲问题是什么？ ·············· 197

一转身：

　　带着企业演说的问题，进入《企业领袖三合演说智慧研讨会》，三合智慧团队将与你共同探讨符合你企业的宣讲方案。 ·············· 198

行深一步：

　　请进入第八讲《企业领袖三合执行智慧》，从不同的视角、不同的切入点解析三合智慧，以飨读者。 ··· 199

第八讲　企业领袖三合执行智慧 ·············· 200

问：为何员工执行力不高？有何化解之道？ ··········200

问：引爆员工执行力的三大动力是什么？ ············201

问：执行力的三大阻力是什么？如何化解阻力引爆动力？ ·············· 202

问：提升执行力的两大命脉是什么？ ·············· 204

问：培养员工执行力的三大策略是什么？ ·············· 205

问：要提升执行力必须让员工明白的事实是什么？ ·············· 206

问：激励团队执行力的五大激励是什么？ ·············· 207

问：企业强大执行力的四大原则是什么？ ·············· 209

问：持续让团队有执行力的五字真经是什么？ ·············· 209

问：激发"90后"员工执行力的五条真经是什么？ ·············· 209

问：员工加入公司想要的三个"账户"是什么？ ·············· 210

问：提高企业执行力必须思考的十大问题是什么？ ·············· 210

再问：企业领袖应另外重视的20个执行力问题。 ·············· 214

一转身：

　　请带着企业执行力的问题，进入《企业领袖三合执行智慧研讨会》，三合智慧团队将与你共同探讨符合你企业的执行力方案。 ·············· 215

行深一步：

　　如果企业领袖能做到三合的八大修炼，即与天合、与地合、与人合，具体就是与员工合、与顾客合，关注企业领袖身体健康、打造好企业产品、运营好企业资本、提升企业领袖精神境界、提升企业领袖演说能力、提升企业执行效率，则企业领袖的经营管理境界就会自动进入一种与心合的状态。请进入第九讲《企业领袖心合智慧》，本讲将讲述进入与心合的各种自动通道，以飨读者。·············215

第四章　自动与心合·············217

- 心合，是什么意思？
  这个词，有很多人描述，好像都没讲清楚。
- 如何进入心合？
  有很多人提出了各种通道，好像都没有走通。

第九讲　企业领袖心合智慧·············218

心合就是天地人合一，是指天地是一个大宇宙，人是一个小宇宙，人与天地息息相关，也就是说，人与天地同呼吸共命运，这就是天地人合一的精髓。

对于企业领袖而言，进入心合就是与天合、与地合、与人合，在运营企业时，企业的一切人、事均应顺乎规律，达到与员工合、与顾客合、与社会合的和谐发展状态。

企业成长的历程就是"三合"的过程，获得"三合"就是获得智慧，在做任何事情时，在做出任何决策时都是以"一秒一个德，一步一个印"自动进入良性运营状态，进入一种境界。

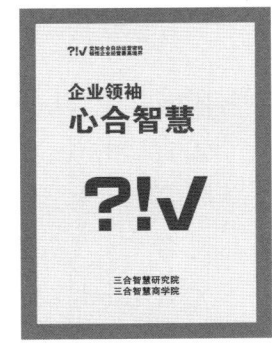

心合对于企业领袖而言，具体表现就是爱员工就像爱孩子一样，爱顾客就像爱家人一样，爱社会就像爱家族一样自然流淌，就是进入心合，以下心合四十九个通道是企业领袖进入心合的有效通道。

心合一：找乐·············218
心合二：迷上·············219
心合三：大势·············219
心合四：触摸·············220

心合五：精髓 ... 220
心合六：应变 ... 220
心合七：变革 ... 220
心合八：胸怀 ... 221
心合九：纲领 ... 222
心合十：顺带 ... 223
心合十一：信用 ... 223
心合十二：修为 ... 224
心合十三：感觉 ... 224
心合十四：造福 ... 224
心合十五：志向 ... 225
心合十六：有魂 ... 225
心合十七：欣赏 ... 226
心合十八：扎根 ... 226
心合十九：内求 ... 226
心合二十：拜师 ... 226
心合二十一：思维 ... 227
心合二十二：当下 ... 227
心合二十三：意志 ... 228
心合二十四：总结 ... 228
心合二十五：沉淀 ... 229
心合二十六：方向 ... 229
心合二十七：上演 ... 229
心合二十八：交给 ... 229
心合二十九：相信 ... 230
心合三十：共同 ... 230
心合三十一：传承 ... 230
心合三十二：流淌 ... 231
心合三十三：找回 ... 231
心合三十四：助人 ... 231
心合三十五：活泼 ... 231
心合三十六：持续 ... 232

心合三十七：引爆 ·················232

心合三十八：痛苦 ·················233

心合三十九：融入 ·················233

心合四十：真实 ···················234

心合四十一：真话 ·················234

心合四十二：独立 ·················234

心合四十三：显现 ·················235

心合四十四：梦想 ·················235

心合四十五：链接 ·················236

心合四十六：激情 ·················236

心合四十七：释放 ·················236

心合四十八：照耀 ·················237

心合四十九：全力以赴 ···············237

后记

觉知了 ·························238

邀论三合 ························239

三合智慧中国梦 ····················240

无忧煮酒论英雄 ····················247

《企业领袖三合智慧EMBA总裁班》课程体系 ·····249

立即行动 ························250

第一章
与天合

对于企业而言，企业有二重天。

第一重天就是内部顾客即内天，也就是企业员工。

第二重天就是外部顾客即外天，也就是企业顾客。

与天合就是企业领袖要修炼的企业与员工、企业与顾客之间的智慧，具体就是与员工合、与顾客合的智慧，即与内天合《企业领袖三合激励智慧》和与外天合《企业领袖三合营销智慧》两大智慧。

第一讲
企业领袖三合激励智慧

　　对于企业来说，企业的员工就是企业的天，经营企业的本质就是经营员工。经营员工的本质就是与员工合的问题，合的主要内容是待遇问题、分配问题、分红问题、股权问题等。

　　所以，如何激励员工？成了当下企业领袖迫切必须解决的问题。

　　本讲就企业激励机制的八大原则、四大作用、三大类型、八大因素、八大方式、六大感觉及薪酬激励五大机制，期权激励四个步骤，股权激励五大关键和八大步骤，三个进退原则，九条生命线等方面以问答的形式进行探讨。

第一章 与天合

问：提升员工的积极性是管理有效？还是激励更有效？

三合智慧解答：

管理是被动的，激励是主动的。

管理是别人要求的，激励是自己要求的；人性的特点是不喜欢为别人做事，却愿意为自己做事。如果一个管理者还是用过去几十年的管理方法来管理现代的员工，那只会把员工管跑。企业人员流失严重，不是管理出了多大的问题，而是负激励、负能量太多。

管理是管事，领导是带人。以事为中心，对人的关注就会减少，但事情要做好，必须要面对人。所以，管理者只是希望做好事情，而领导者的目标则是通过激励带好团队。

不会激励员工的上级，充其量只是一个管理者。要想做真正的领导，就必须掌握各种激励技巧，关注人的需求与感受。

人在不同的环境、年龄、成长阶段、管理层次下有各种各样的需求，这是激励机制的根源。没有激励，人的需求便无法得到有效的满足。例如，年龄稍大的操作工人，需要养家糊口改善生活，因此对金钱物质的需求较强，要多用利益驱动；大学刚毕业的年轻人，有理想有抱负，还要尊重，要多用发展前景、个人成长加以激励；而对管理层要用目标激励，对事业基础好的高管要用梦想、使命、理念、精神方面进行激励。

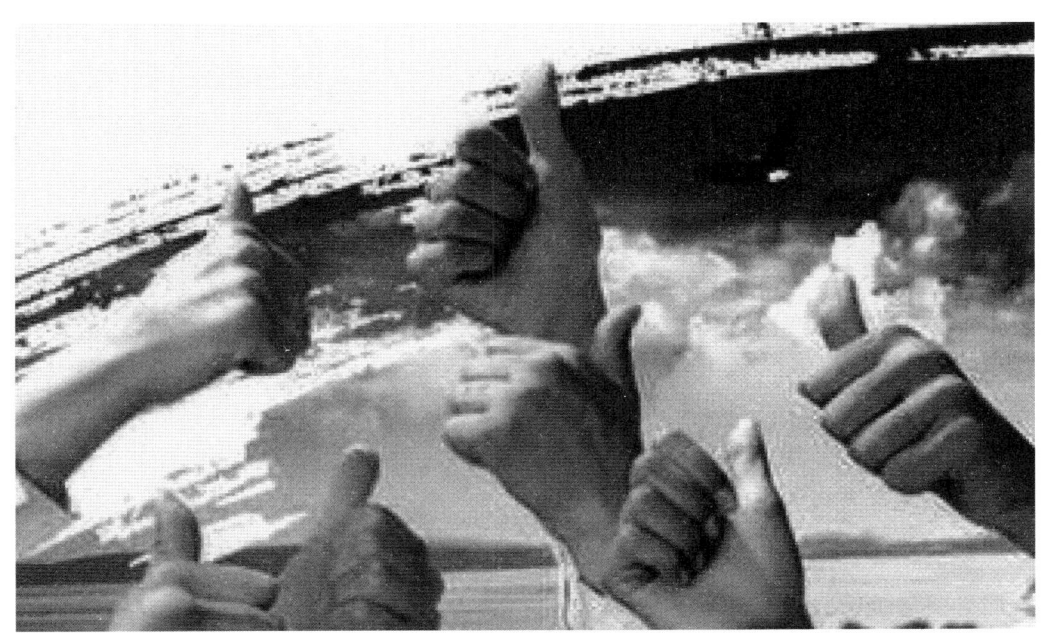

问：何为激励？

三合智慧解答：

激励是人力资源的重要内容，是指激发人的行为的心理过程。激励这个概念用于管理，是指激发员工的工作动机，也就是说用各种有效的方法去调动员工的积极性和创造性，使员工努力去完成组  织的任务，实现组织的目标。有效的激励会点燃员工的激情，促使他们的工作动机更加强烈，让他们产生超越自我和他人的欲望，并将潜在的巨大内驱力释放出来，为企业的远景目标奉献自己的热情。如何在工作上调动员工的积极性，激发全体员工的创造力，是开发人力资源的最高层次目标。作为企业，需要塑造激发员工创造力的环境和机制。

问：激励有哪八大原则？

三合智慧解答：

原则一：目标结合原则

在激励机制中，设置目标是一个关键的环节。目标设置必须同时体现组织目标和员工需要的要求。

原则二：物质激励和精神激励相结合的原则

物质激励是基础，精神激励是根本。在两者结合的基础上，逐步过渡到以精神激励为主。

原则三：引导性原则

外激励措施只有转化为被激励者的自觉意愿，才能取得激励效果。因此，引导性原则是激励过程的内在要求。

原则四:合理性原则

激励机制的合理性原则包括两层含义:其一,激励机制的措施要适度。要根据所实现目标本身的价值大小确定适当的激励量。其二,奖惩要公平。

原则五:明确性原则

激励机制的明确性原则包括三层含义:

其一,明确。激励机制的目的是需要做什么和必须怎么做。

其二,公开。特别是分配奖金等大量员工关注的问题时,更为重要。

其三,直观。实施物质奖励和精神奖励时都需要直观地表达它们的指标,总结和授予奖励和惩罚的方式。直观性与激励影响的心理效应成正比。

原则六:时效性原则

要把握激励机制的时机,"雪中送炭"和"雨后送伞"的效果是不一样的。激励越及时,越有利于将人们的激情推向高潮,使其创造力连续有效地发挥出来。

原则七:正激励与负激励相结合的原则

所谓正激励就是对员工符合组织目标的期望行为进行奖励。所谓负激励就是对员工违背组织目的的非期望行为进行惩罚。

正、负激励都是必要而有效的,不仅作用于当事人,而且会间接地影响周围其他人。

原则八:按需激励原则

激励机制的起点是满足员工的需要,但员工的需要因人而异、因时而异,并且只有满足最迫切需要(主导需要)的措施,其效价才高,其激励强度才大。

因此，领导者必须深入地进行调查研究，不断了解员工需要层次和需要结构的变化趋势，有针对性地采取激励措施，才能收到实效。

问：激励有哪四大作用？

三合智慧解答：

对一个企业来说，科学有效的激励机制至少具有以下几个方面的作用：

作用一：吸引优秀的人才到企业来

在发达国家的许多企业中，特别是那些竞争力强、实力雄厚的企业，都通过各种优惠政策、丰厚的福利待遇、快捷的晋升途径来吸引企业需要的人才。

作用二：开发员工的潜在能力，促进在职员工充分发挥其才能和智慧

美国哈佛大学的威廉·詹姆斯（W. James）教授在对员工激励机制的研究中发现，按时计酬的分配制度仅能让员工发挥20%~30%的能力，如果受到充分激励机制的话，员工的能力可以发挥出80%~90%，两种情况之间60%的差距就是有效激励机制的结果。

管理学家的研究表明，员工的工作绩效是员工能力和受激励程度的函数，即绩效=F（能力×激励）。

如果把激励制度对员工创造性、革新精神和主动提高自身素质的意愿的影响考虑进去的话，激励对工作绩效的影响就更大了。

作用三：留住优秀人才

德鲁克（P. Druker）认为，每一个组织都需要三个方面的绩效：直接的成果、价值的实现和未来的人力发展。缺少任何一方面的绩效，组织注定非垮不可。因此，每一位管理者都必须在这三个方面均有贡献。在三方面的贡献中，对"未来的人力发展"的贡献就是来自激励工作。

作用四：造就良性的竞争环境

科学的激励制度包含有一种竞争精神，它的运行能够创造出一种良性的竞争环境，进而形成良性的竞争机制。在具有竞争性的环境中，组织成员就会受到环境的压力，这种压力将转变为员工努力工作的动力。正如麦格雷戈（Douglas M. Mc Gregor）所说："个人与个人之间的竞争，才是激励机制的主要来源之一。"在这里，员工工作的动力和积极性成了激励工作的间接结果。

问：激励有哪四大因素？

三合智慧解答：

激励机制就是在激励中起关键性作用的一些因素，由时机、频率、程度、方向等因素组成。它的功能集中表现在对激励机制的效果有直接和显著的影响，所以认识和了解激励机制的机制，对搞好激励工作是大有益处的。

因素一：激励时机

激励时机是激励机制的一个重要因素。

激励在不同时间进行，其作用与效果是有很大差别的。打个比方，厨师在炒菜时，不同的时间放入调味料，菜的味道和质量是不一样的。超前激励可能会使下属感到无足轻重；迟到的激励可能会让下属觉得画蛇添足，失去了激励应有的意义。

激励如同发酵剂,何时该用、何时不该用,都要根据具体情况进行具体分析。根据时间快慢的差异,激励时机可分为及时激励与延时激励;根据时间间隔是否规律,激励时机可分为规则激励与不规则激励;根据工作的周期,激励时机又可分为期前激励、期中激励和期末激励。

激励时机既然存在多种形式,就不能机械地强调一种而忽视其他,而应该根据多种客观条件灵活地选择,更多的时候还要加以综合运用。

因素二:激励频率

所谓激励频率是指在一定时间里进行激励机制的次数,它一般是以一个工作周期为时间单位的。激励频率的高低是由一个工作周期里激励次数的多少决定的,激励频率与激励效果之间并不完全是简单的正相关关系。激励频率的选择受多种客观因素的制约,这些客观因素包括工作的内容和性质、任务目标的明确程度、激励对象的素质情况、劳动条件和人事环境等。

一般来说有下列几种情形:

对于工作复杂性强、比较难以完成的任务,激励频率应当高;对于工作比较简单、容易完成的任务,激励频率就应该低。

对于任务目标不明确、较长时期才可见成果的工作,激励频率应该低;对于任务目标明确、短期可见成果的工作,激励频率应该高。

对于各方面素质较差的工作人员,激励频率应该高;对于各方面素质较好的工作人员,激励频率应该低。

在工作条件和环境较差的部门,激励频率应该高;在工作条件和环境较好的部门,激励频率应该低。

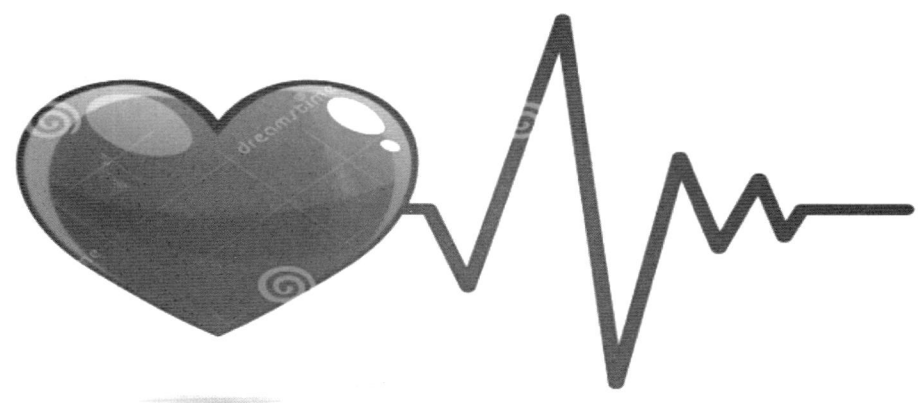

当然，上述几种情况并不是绝对的划分，通常情况下应该有机地联系起来，因人、因事、因地制宜地确定恰当的激励频率。

因素三：激励程度

所谓激励程度是指激励量的大小，即奖赏或惩罚标准的高低。它是激励机制的重要因素之一，与激励效果有着极为密切的联系。

能否恰当地掌握激励程度，直接影响激励作用的发挥。

超量激励和欠量激励不但起不到激励机制的真正作用，有时甚至还会起反作用。例如，过分优厚的奖赏，会使人感到得来全不费功夫，丧失发挥潜力的积极性；过分苛刻的惩罚，可能会导致人的"破罐子破摔"心理，挫伤下属改善工作的信心；过于吝啬的奖赏，会使人感到得不偿失，多干不如少干；过于轻微的惩罚，可能会导致人的无所谓心理，不但不改掉毛病，反而会变本加厉。

所以从量上把握激励，一定要做到恰如其分，激励程度既不能过高也不能过低。激励程度并不是越高越好，超出了这一限度，就无激励作用可言了，正所谓"过犹不及"。

因素四：激励方向

所谓激励方向是指激励机制的针对性，即针对什么样的内容来实施激励，它对激励效果也有显著影响。

马斯洛的需要层次理论有力地表明，激励方向的选择与激励作用的发挥有着非常密切的关系。当某一层次的优势需要基本上得到满足时，应该调整激励方向，将其转移到满足更高层次的优先需要，这样才能更有效地达到激励机制的目的。

例如,对一个具有强烈自我表现欲望的员工来说,如果要对他所取得的成绩予以奖励,奖给他奖金和实物不如为他创造一次能充分表现自己才能的机会,使他从中得到更大的鼓励。

还有一点需要指出的是,激励方向的选择是以优先需要的发现为其前提条件的,所以及时发现下属的优先需要是经理人实施正确激励机制的关键。

问:激励有哪八大方式?

三合智慧解答:

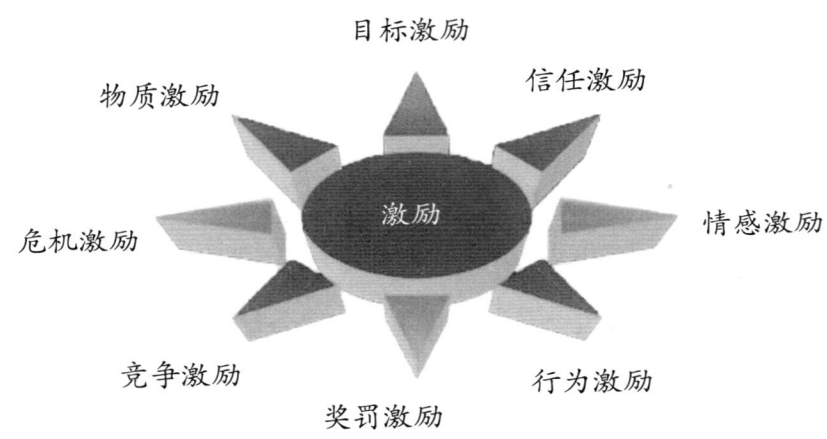

中小企业运用激励机制的现状不容乐观,主要表现为激励机制的运用方式较单一,忽视企业人才激励机制的多样性,不注重人才的长期激励,激励机制的随意性强、没有制度保障并且薪酬体系均较单一等特点。

如管理者在对中小企业管理过程中,常常采用正激励来提高员工的工作绩效水平,而忽略了负激励机制的互补效应等。

目前我国中小企业运用的主要激励机制形式如下。

方式一:物质激励

物质激励主要是通过物质刺激的手段,鼓励员工工作,其主要形式包括工资、奖金、津贴等。

研究表明,中小企业在物质激励手段上缺乏系统性和多样性,在报酬形式上,多采用底薪+奖金的"万能"报酬方式,年薪、股票期权、利润分成等物质激励方式应用较少。

实践证明,合理的薪酬制度是基本的条件,是直接影响员工切身利益的重要因素,薪酬分配的合理、公平与否直接影响员工的积极性。

方式二:目标激励

组织目标是通过各个群体以及个体的共同努力来实现的,目标具有引发、导向、激励机制的作用,企业管理者可以通过将组织的总目标按阶段分解成若干子目标,以此达到调动员工工作积极性的目的。运用目标激励时应注意以下几点:

(1)目标设置的合理、可行,与员工个体的切身利益密切相关;难度要适当;

(2)内容具体明确,有定量要求;

(3)既有近期的阶段性目标又有远期的总体目标,使员工感到工作的阶段性、可行性和合理性等。

方式三:信任激励

信任能唤起人们最宝贵、最有价值的忠诚度和创新动力。

信任激励则是激励主体用自己的信任、鼓励、尊重、支持等情感对激励对象进行激励机制的一种模式,是最持久、最"廉价"和最深刻的激励方式之一。

实践证明,管理者一个期待的目光,一句信任的话语,一次真诚的帮助,都能使员工自信起来,走上成功的道路。员工能否勤奋努力、坚持不懈地工作,与管理者的信任程度有密切的关系。

管理者只有信任每位员工,帮助员工树立自信心,才能最大限度地发挥员工的积极性和创造性,提升员工的绩效水平。

方式四：情感激励

情感是影响人们行为最直接的因素之一，任何人都有各种情感诉求。

情感激励是通过建立一种人与人之间和谐良好的感情关系，来调动员工积极性的方式。

因此，企业领导者要及时了解并主动关心员工的需求，以建立起正常、良好、健康的人际关系、工作关系，从而营造出一种相互信任、相互关心及支持、团结融洽的工作氛围，使被管理者处处感到自己得到了重视和尊重，以增强员工对本企业的归属感。

方式五：行为激励

情感常常会受到他人行为的支配，进而使自己的行为受到影响。

研究表明，树立企业员工榜样有利于企业形象的提升，如通过宣传优秀或模范员工的行为，能激发其他员工的情绪，引发员工的"内省"与共鸣，从而起到强烈的示范作用，引导其他员工的行为。

方式六：奖罚激励

奖罚激励是企业管理活动中一种常用的激励方法，在中小企业中常被运用。例如，表扬、赞赏、晋级和批评、处分、开除等都分别是奖励和惩罚的一些常见形式。

研究表明，赞赏是一种由外在动力转化为内在动力的较好形式，不受时间、地点、环境的限制，管理者给员工一个极小的赞许，都会激励员工以饱满的精神状态投入工作。

同时，实践也证明，奖罚措施应用得当，将会发挥较大的激励效应；但是一旦运用不恰当，就会引起员工的不满和怨恨，以及行为上的消极对抗。

方式七：竞争激励

竞争在企业中是一个不可或缺的环节，竞争激励则是企业管理者鼓励进步、鞭策平庸、淘汰落后的关键环节。

美国哈佛大学的心理学家戴维·麦克里兰提出人不仅具有权利需要、关系需要，还有成就需要。

在中小企业中，不乏有高成就需要的人，对胜任和成功有强烈的要求意识，管理者合理地运用竞争激励机制，让具有成就需要的人全身心投入工作，并在竞争中获得成就感，将有利于企业的创新和兴旺发展。

方式八：危机激励

随着竞争的日益激烈，中小企业面临的环境更加多变。

作为企业管理者，必须适时地向员工灌输危机意识，让员工意识到企业面临的生存压力以及由此可能对员工的工作、生活等方面带来的不利影响，以此有效地激励员工自发地努力工作。

 企业领袖三合智慧

问：薪酬激励有哪五大机制？

三合智慧解答：

薪酬激励有如下五大机制，利弊具体如下：

薪酬一：岗位工资机制

岗位工资有多种形式，包括岗位效益工资制、岗位薪点工资制、岗位等级工资制。它们的主要特点是对岗不对人。

岗位工资制按照一定的程序严格划分岗位，按岗位确定工资。

由于调度的弹性不大，员工就会认为岗位工资是他们理所当然应该得到的，认为他们是为公司做出的贡献应有的回报。

薪酬二：绩效工资机制

绩效工资制度强调员工的工资调整取决于员工个人、部门及公司的绩效，以成果与贡献度为评价标准。

工资与绩效直接挂钩，强调以目标达成为主要的评价依据，注重结果，认为绩效的差异反映了个人在能力和工作态度上的差异。

绩效工资通过调节绩优与绩劣员工的收入，影响员工的心理行为，以刺激员工，从而达到发挥其潜力的目的。

薪酬三：混合工资机制

混合工资制也称结构工资制，是指由几种职能不同的工资结构组成的工资制度。

结构薪酬的设计吸收了绩效工资和岗位工资的优点，对不同工作人员进行科学分类，并加大了工资中活的部分，其各个工资单元分别对应体现劳动结构的不同形态和要素，因而较为全面地反映了按岗位、按技术、按劳分配的原则，对调动职工的积极性、促进企业生产经营的发展和经济效益的提高，在一定时期起到了积极的推动作用。

薪酬四：技能薪酬机制

技能薪酬制的特点是每人都从最低薪酬出发，按照一定职务的执行能力划分薪酬

等级，并以员工工作或考试显示的各种专业知识和技能逐步加薪。

实行技能工资制，能鼓励员工钻研业务，减少骨干职工的流动性，促使职工自发提高技能和多岗位适应性。

缺点是员工要求和追求强化培训，推动企业培训费用与薪酬开支互动增长，而且这种制度也无法考核真正的培训效果和学习效果。

薪酬五：年功序列薪酬制

年功序列薪酬制的特点是企业根据员工在本企业的工作年限、年龄、学历和经历等因素确定薪酬。

这种薪酬制度在日本企业使用最为广泛，其设计指导思想是在本企业工作年限越长、资历越丰富，能力就越强、贡献也越大。

这种薪酬制度的优点是能稳定员工队伍，有利于培养员工的"归属感"和"忠诚心"。缺点是容易助长论资排辈的风气，不利于调动员工的主动性。

问：期权激励有哪四个步骤？

三合智慧解答：

期权，就是企业所有者向经营者提供的一种在一定期限内，按事先约定的价格购买一定数量企业股份的权利。

期权激励最早源于美国。美国上市公司高级管理人员的薪酬结构分为三部分：

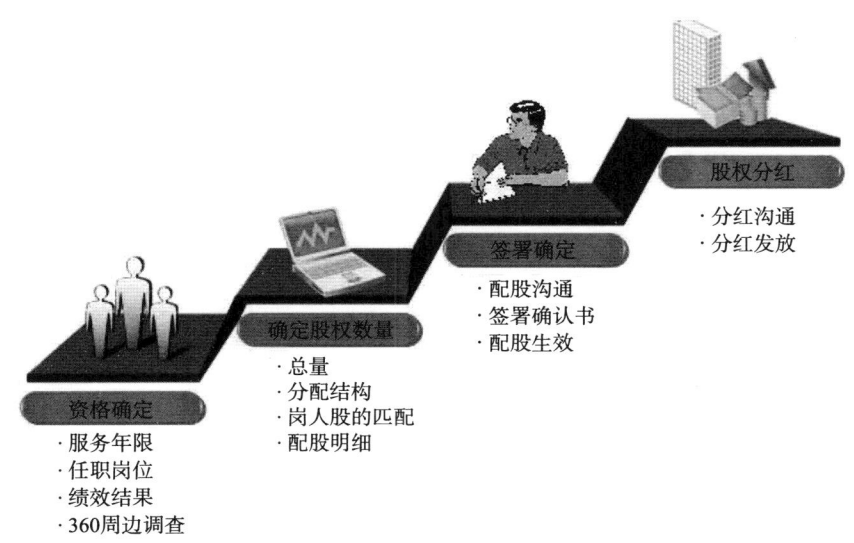

基本工资和年度奖金、长期激励机制、福利计划。后来经济学家研究后认为：基本工资和年度奖金不是有效的激励机制，因为它不能激励高级管理人员面向未来。如果一家公司的薪酬结构完全由基本工资及年度奖金构成，那么出于对个人利益的考虑，高级管理人员可能会倾向于放弃那些有利于公司长期发展的计划。

一般来说，期权机制的完成会经历四个步骤：

步骤一：授予

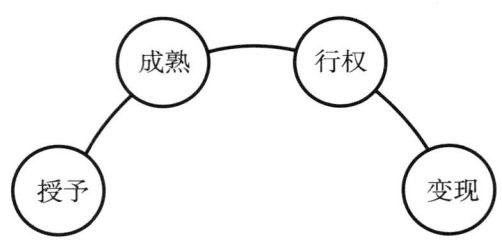

员工期权激励的四个步骤

授予，即公司与员工签署期权协议，约定员工取得期权的基本条件。

步骤二：成熟

成熟，是员工达到约定条件，主要是达到服务期限或工作业绩指标后，可以选择行权，把期权兑现。

步骤三：行权

行权，即员工掏钱买下期权，完成从期权变成股票的一跃。

步骤四：变现

变现，即员工取得股票后，通过在公开交易市场出售，或通过参与分配公司被并购的价款，或通过分配公司红利的方式，参与分享公司成长收益。

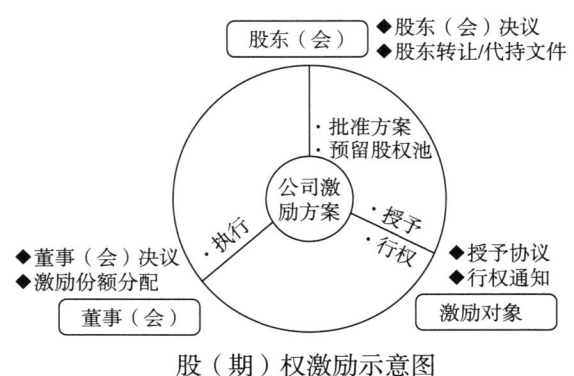

股（期）权激励示意图

问:股权激励有哪五大关键?

三合智慧解答:

关键一:定时

有的创业者,在公司初创阶段就开始大量发放期权,甚至进行全员持股。我们的建议是,对于公司核心的合伙人团队,碰到合适的人,经过磨合期,就可以开始发放股权。

但是,对于非合伙人层面的员工,过早发放股权,一方面,股权激励成本很高,给单个员工三五个点股权,员工都可能没感觉;另一方面,激励效果很差,甚至会被认为是"画大饼",起到负面激励效果。

因此,公司最好是走到一定阶段(如有天使轮融资,或公司收入或利润达到一定指标)后,发放期权的效果会比较好。

发放期权的节奏:

要控制发放的节奏与进度,为后续进入的团队预留期权发放空间(如按照上市前发4批计算);全员持股可以成为企业的选择方向,但最好是先解决第一梯队,再解决第二梯队,最后普惠制解决第三梯队,形成示范效应。

这样既可以达到激励效果,又能控制好激励成本;期权激励是中长期激励,激励对象的选择,最好是先恋爱,再结婚,与公司经过一段时间的磨合期。

关键二:定人

股权激励机制的参与方,有合伙人、中高层管理人员(VP、总监等)、骨干员工与外部顾问。

合伙人主要拿限制性股权,不参与期权分配。但是,如果合伙人的贡献与他持

有的股权非常不匹配，也可以给合伙人增发一部分期权，来调整早期进行合伙人股权分配不合理的问题。

中高层管理人员是拿期权的主要人群。

关键三：定量

定量一方面是定公司期权池的总量，另一方面是定每个人或岗位的量。

公司的期权池，10%~30%之间较多，15%是个中间值。

期权池的大小需要根据公司情况来设定。

在确定具体到每个人的期权时，首先考虑给到不同岗位和不同级别人员期权大小，然后再定具体个人的期权大小。

在确定岗位期权量时可以先按部门分配，再具体到岗位。

公司总池子确定下来，再综合考虑员工的职位、贡献、薪水与公司发展阶段，这样员工该取得的激励股权数量基本就确定下来了。

同一个级别的技术专家，在VC进来之前就参与创业、在VC进来后才加入公司、在C轮甚至IPO前加入公司，拿到的期权应该设计成区别对待。

另外，公司也可以给员工选择，是拿高工资+低期权，还是拿低工资+高期权。

公司期权发放的参考标准。对于VP级别的管理人员，如果在天使进来之前参与创业，发放2%~5%期权；如果是A轮后进来，发放1%~2%期权；如果是C轮或接近IPO时进来，发放0.2%~0.5%期权。对于核心VP(CTO、CFO、CTO等)，可以参照前述标准按照2~3倍发放。总监级别的人员，参照VP的1/2或1/3发放。

关键四：定价

讨论最多的就是员工拿期权是否需要掏钱？是否免费发放？

建议是：

(1) 员工必须掏钱。掏过钱与没掏过钱，员工的心态会差别很大。

(2) 与投资人完全掏钱买股权不同，员工拿期权的逻辑是，掏一小部分钱,加上长期参与创业赚股权。

因此,员工应当按照公司股权公平市场价值的折扣价取得期权。

期权发放的过程,是要让员工意识到,期权本身很值钱,但他只需要掏一小部分钱即可获得。

之所以他掏钱少,是因为公司对他是有预期的,是基于他会长期参与创业的,他打个酱油即跑路,公司把他的期权回购是合情合理,员工也是可接受的。

关键五:定兑现条件

定兑现条件是指提前确定授予员工的期权什么时候成熟,也即员工什么时候可以行权。

常见的成熟机制是按时间:4年成熟期,每年兑现25%。

另一种是:满两年后成熟兑现50%,以后每年兑现25%,四年全部兑现。

第三种是:第一年兑现10%,第二年兑现30%,第三年兑现70%,第四年全部兑现。

问:股权激励有哪八大步骤?

三合智慧解答:

股权激励是对员工进行长期激励机制的一种方法,是企业为了激励和留住核心人才,而推行的一种长期激励机制。有条件的给予激励对象部分股东权益,使其与

企业结成利益共同体，从而实现企业的长期目标。

股权激励是一种通过经营者获得公司股权形式给予企业经营者一定的经济权利，使他们能够以股东的身份参与企业决策、分享利润、承担风险，从而勤勉尽责地为公司的长期发展服务的一种激励方法。

经理人和股东实际上是一种委托代理的关系，股东委托经理人经营管理资产。

但事实上，在委托代理关系中，由于信息不对称，股东和经理人之间的契约并不完全，需要依赖经理人的"道德自律"。

股东和经理人追求的目标是不一致的，股东希望其持有的股权价值最大化，经理人则希望自身效用最大化，因此股东和经理人之间存在"道德风险"，需要通过激励和约束机制来引导和限制经理人的行为。

在不同的激励方式中，工资主要根据经理人的资历条件和公司情况、目标业绩预先确定，在一定时期内相对稳定，与公司的目标业绩的关系非常密切。

奖金一般以超目标业绩的考核来确定经理人该部分的收入，因此与公司的短期业绩表现关系密切，但与公司的长期价值关系不明显，经理人有可能会为了短期的财务指标而牺牲公司的长期利益。

但是从股东投资的角度来说，他更多关心的是公司长期价值的增加。尤其是对于成长型公司来说，而不仅仅是短期财务指标的实现。

为了使经理人关心股东利益，需要使经理人和股东的利益追求尽可能趋于一致。

对此，股权激励是一个较好的解决方案。

股权意味着？

- 管理权
- 所有权
- 经营权
- 质询权
- 调查权
- 剩余资产分配权
- 优先认股权
- 诉讼权
- 建议权
- 知情权

通过使经理人在一定时期内持有股权，享受股权的增值收益，并在一定程度上以一定的方式承担风险，可以使经理人在经营过程中更多地关心公司的长期价值。

股权激励对防止经理的短期行为，引导其长期行为具有较好的激励和约束作用。

股权激励机制的操作流程和步骤如下：

步骤一：确定目标

首先需要明确的是，公司操作股权激励的主要目标是什么。在这个前提下，才可以决定股权激励机制的具体方案。

股权激励，不同的公司有不同的目标，不同阶段也可能有不同的目标，大致包括：充分调动公司高管及核心员工的积极性；将股东利益和经营者个人利益捆绑在一起；约束短期行为，保障企业的长远发展；留住人才、降低竞争威胁；引进优秀人才；降低高管薪酬成本；完善企业法人治理结构，促进企业建立约束机制。

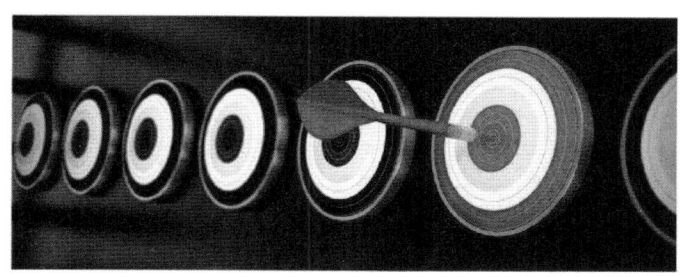

不同的目标对应不同的激励方式。

例如，如果主要目的是利益捆绑，或降低竞争威胁，避免高管另立门户或加入竞争对手，那么虚拟股权的作用不大，应该给予实际股份；如果目标是约束短期行为，则应该有效实施期限较长的激励方式，避免一次性给予；如果希望未来引进优秀人才，则需要留下充足的激励资源。

股权激励机制的主要目标是什么，这是需要向老板及股东、董事沟通核实的第一件事。

步骤二：起草方案

起草方案是股权激励机制的重头戏。方案是股权激励机制的纲领性文件，是股权激励机制的行动指导。就像一篇乐谱一样，是每一个音符的出处和依据。方案的内容，如前文所述，主要包括：

（1）定模式；

（2）定对象；

（3）定来源；

（4）定额度；

（5）定约束条件以及其他。

股权激励方案就是要说清楚用哪种方式激励、激励谁、激励股份从哪里来、激励多少、什么条件下给予、什么条件下撤销等。

方案起草也需要跟各方沟通，包括老板、股东、董事、拟激励对象甚至非激励对象，听取各方想法，根据实际情况调整方向和细节。

步骤三：起草考核条件

激励对象获得股份激励，一般需要经过一定期间、满足一定条件才可以，这样才能达到对未来努力的激发，而不是对过去功绩的肯定。这就需要设定合理的考核条件。

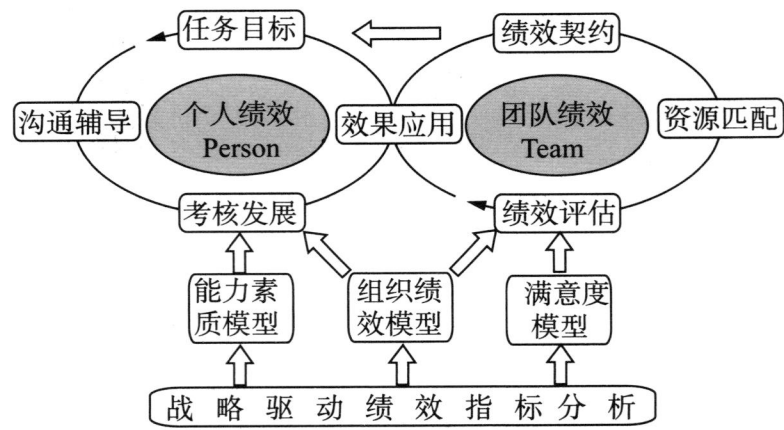

考核条件必须是明确和落地的，形成量化的指标，员工对将来是不是可以获得激励股份有稳定清晰的预期，不需要依据任何公司的主观判断或决定；考核条件必须是适中的，避免员工不需努力就能轻易获得，但也不能遥不可及，让员工觉得压根儿没戏。

考核条件反映了公司股权激励机制的目的和价值观，决定了激励对象的努力方向。

考核条件需要人力资源部门在董事会的框架下主导指定，之后由人力资源部门负责执行。

考核条件一般可作为股权激励方案的附件。

步骤四：方案决议

股权激励方案及考核条件起草完毕，还需要股东会或董事会决议通过。

之所以由股东会通过，是因为涉及实际股份变更的激励方案中，需要进行增资或原股东出让部分股份，将来激励对象会成为新股东加入股东会，并且将办理公司章程的修改，办理工商变更登记，依据《公司法》的要求，没有股东会的决议是无法完成的。

在不涉及实际股份变更的激励方案中，如虚拟股票制下，则不需要股东层面的决议，只需要公司管理层面的最高决策者通过即可。

步骤五：召开说明会

股权激励方案决议通过后，最好安排一次方案说明会，且说明会最好由律师等外部顾问进行，说明会的目的在于：

在股权激励中，股东或公司一般都出让了较大利益给激励对象，但激励对象并不一定能完全理解。

对大多数人来讲，股权激励是陌生的，每个基本概念都需要仔细解释，因此，说明会可以让激励对象清晰地了解自己可以获得的利益，真正起到激励作用；

说明会对行权条件和考核要求进行说明，可以增加激励对象的信心，对获得股份具有更为清晰的预期；

说明会可以让激励对象明白最终获得股权的条件是什么，指引他的努力方向，达到和公司的预期同步。

步骤六：签署协议

股权激励实际上是激励方和激励对象达成的一种一定条件下利益让渡的协议安排，激励机制的方案内容要与每个激励对象形成书面约定才会产生最终约束力。

有了协议，激励对象才会放心在满足条件后自己确实可以获得好处，同时在激励对象离职、违纪等情况下公司才有依据收回股份，以及在引入新投资者、进行新的激励时不会形成僵局。

步骤七：考核行权

签署协议后，接下来会进入或长或短、或一次或几次的考核期。考核期结束，依据事前确定的考核指标和方案进行考核，确定激励对象是否有条件行权，有条件的进行行权，无条件的进行说明。

步骤八：转让登记或撤销、回购

在实际取得股权的激励中，股权激励机制的最后结果，就是激励对象获得股份，办理登记，成为真正的股东。

之后如有离职、违纪、死亡等特定情形出现，未行权的部分撤销，已行权的部分回购，回购之后重新办理股权登记，恢复到未行权以前的股份状态。

以上为股权激励机制的大致步骤和流程，在不同的股权激励方式下会有所不同，但主要内容是相似的。概括来讲，不外乎确定目标、确定方案、实施方案、异常处理这几步。

问：股权激励有哪九条生命线？

三合智慧解答：

股权激励有如下九条生命线：

生命线一：绝对控制权67%，相当于100%的权力，修改公司章程、分立、合并、变更主营项目、重大决策。

生命线二：相对控制权51%，控制线，绝对控制公司。

生命线三：安全控制权34%，一票否决权。

生命线四：30%上市公司要约收购线。

生命线五：20%重大同业竞争警示线。

生命线六：临时会议权10%，可提出质询、调查、起诉、清算、解散公司。

生命线七：5%重大股权变动警示线。

生命线八：临时提案权3%，提前开小会。

生命线九：代位诉讼权1%，亦称派生诉讼权，可以间接地调查和起诉权（提起监事会或董事会调查）。

问：股权激励进退有哪三个原则？

三合智慧解答：

原则一：确定进入机制

在设定股权进入的条件时，可以首先在大脑里虚拟开会，选出一个符合入股条件的人，此人需满足以下条件：

条件一：一条心（即一心成就此事业）、一伙人（即拥有与本企业相同的立场，可以成为"伙伴"）。

条件二：独当一面。

条件三：有出钱购买股权的能力。

条件四：有绝对的意愿。

在满足以上四个条件之后，具体操作如下：

操作一：要在一个放松的场合和这个人谈意向；

操作二：要在正式场合签订合同，同时约定全程保密；

操作三：全力把此人打造成标杆；
操作四：打造一个绝对震撼的场合，把此标杆隆重推出来，同时宣布股东会成立；
操作五：一步一步、一个一个地进入；
操作六：让入股成为广受欢迎的事情；
操作七：在每一个层面设立股东。

原则二：明确退出机制

对于中途退出的股东，董事会可以强制性一分钱收购该股东的股份，该股东必须无条件执行，但可享受已发生的利润；

对于在盈利状态下退出的股东，按入股价转让内部其他股东或企业，但可享受已发生的利润；对于利用平台、职务之便谋取私利的股东，直接开除出股东会，剥夺其所有权利；

对于已不与董事会一条心（列出不一条心的标准和标志）、已不能独当一面又不上进的股东（列出不上进的标准和标志），其股份保留一年，限期休整，如继续不能胜任，直接劝退，其股份处理参照下一条处理。

对于遇天灾人祸及不能继续工作的股东，其股份处理：

（1）家族成员不允许继承股份；
（2）优先转让公司内部其他股东；
（3）对外转让必须通过董事会（股东会）100%举手表决同意；
（4）采用递减、稀释的方式在约定的时间内，将股份稀释完毕。

老板必须带领所有股东结合自己的实际，把退出机制写得越详细越好，同时把它明确地写在股份合作合同上。

原则三：签好法律文件

无数合作化民营企业最终走向消亡，原因都是老板不会签合同。

必须把合同签成"活"的，在合同上明确标注：

（1）随着市场、企业的变化，退出机制条款如需改动、调整、添加，所有股东必须无

条件执行,否则视为无条件退出;

(2)每年拿出分配利润的10%不作分配,用于优秀股东的奖励;

(3)不合格的股东必须清退;

(4)所有股东资金股、身份股分开。

问:激励让员工产生哪六大感觉?

三合智慧解答:

美国管理学家贝雷尔森(Berelson)和斯坦尼尔(Steiner)对激励机制的定义是:"一切内心要争取的条件、希望、愿望、动力都构成了对人的激励。"

马斯洛需求层次理论指出:物质需要是人类较低层次的需要,紧接着是安全需求、社会认可需求、尊重需求,而自我实现的需要是最高层次的需要。

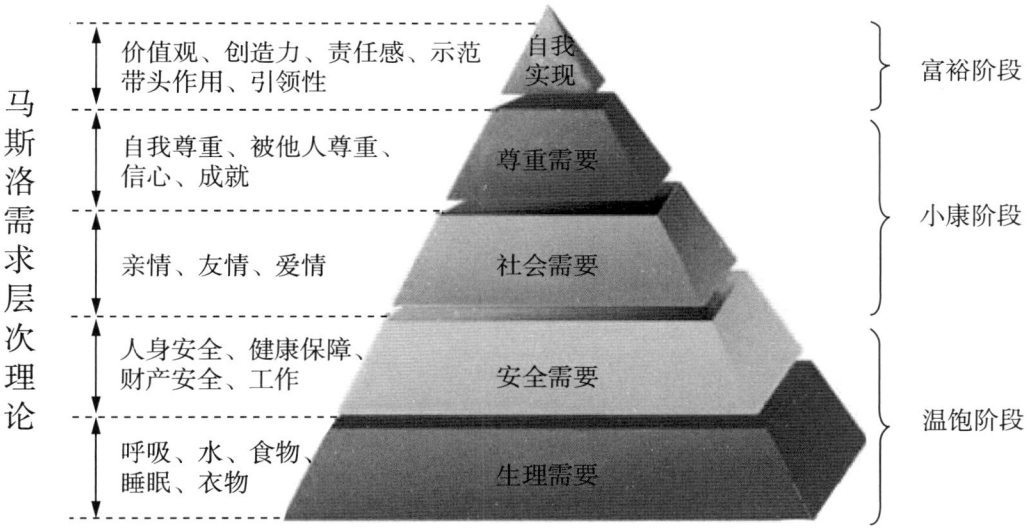

当人类的某一需求层次得到满足后,其相应的激励方式也不再发挥其应有的激励作用,因而根据员工的需求层次制订多重的激励计划才会起到更大的激励作用。因此,激励需要知识,更需要智慧。

在企业的管理活动中,对员工激励机制的目的是调动员工工作的主观能动性和生产的积极性,激发出员工的创造力和执行力,从而提高公司的劳动生产率和工作效率。而如何激励才能让员工创造出最佳绩效是管理者长久以来面临的严峻挑战。

近年来，神经科学、生物学、进化心理学等领域的跨学科研究告诉我们，人类具有六种基本的情感需求，而这些情感需求正是我们一切正向行为的基础。

实证研究表明，人都有追求快乐逃避痛苦的本能，受到情感激励机制的员工方能创造出更好的业绩。

因此，管理者要想激励员工，就应该了解这些情感需求：安全感、归属感、荣誉感、成就感、公平感、使命感，并运用智慧来满足这些需求。

感觉一：安全感

人都有懒惰性。一般对于普通员工来说，他们并无远大的志向和追求，认为日子能过就行，不求无功，但求无过，以至于很多企业员工都安于现状，不思进取，思维老化保守，特别是随着企业和社会的快速发展，很多公司明显地出现了人力资源与公司战略不匹配，有好的战略和项目但无人才可用的尴尬局面，很多企业的人力资源并没有很好地解决如何激发员工的热情和斗志，把员工快速激励成人才的问题。

海尔认为，企业不缺人才，人人都是人才，关键是企业是不是将每一个人所具备的最优秀品质和潜能充分发挥出来了。

为了把每个人最为优秀的品质和潜能充分开发出来，海尔人"变相马为赛马"，并且在全体员工高度认同的情况下，不断实践、提高。

具体表现为：在竞争中选人才、用人才，就是要将人才推到属于他的岗位上去赛，去发挥他最大的潜力，去最大限度地选出优秀人才。

这是一个有利于每一个人充分发挥自己特长的机制，使每一个人都能在企业里找到适合自己价值的位置。

这一机制最初体现在公司内部实行"三工转换制度"。该制度是将企业员工分为试用员工—合格员工—优秀员工，三种员工实行动态转化。

通过细致科学的赛马规则，进行严格的工作绩效考核，使所有员工在动态的竞争中提升、降级、取胜、淘汰。

努力者,试用员工可以转为合格员工乃至优秀员工。

不努力者,就会由优秀员工转为合格员工或试用员工。

更为严格的是,每次考评后都要按比例确定试用员工,如此一来,人人都有危机感。

这里的"赛马",遵循着"优胜劣汰"的铁律。

任何人都不能满足于已有的成绩,只有创业,没有守业;谁守业,不进取,谁就要被严酷的竞争淘汰,这就是利用员工追求安全感的成功典范。

感觉二:归属感

海底捞火锅连锁店是劳动密集型企业尊重和激励员工的典范。

海底捞老板张勇回答海底捞的成功秘诀时说:把员工当家人看,让员工有归属感与幸福感。其管理层认为要有满意的顾客,必须先有满意的员工。

善待并尊重员工,让他们有归属感,以"老板心态"而不是"打工者心态"来看待工作。从而变被动工作为主动工作,变"要我干"为"我要干",充满热情、努力让顾客满意的员工成为海底捞的核心优势。其成功的激励模式赢得了

世界餐饮连锁巨头肯德基、必胜客的高管们争相来学习参观。

一位宝洁公司的原董事长Richard Dupree曾说:"如果你把我们的资金、厂房及品牌留下,把我们的人带走,我们的公司会垮掉,相反,如果你拿走我们的资金、厂房及品牌,而留下我们的人,十年内我们将重建一切。"

这种把员工看成财富的理念很容易让员工产生归属感,感觉企业就是自己的家,为企业工作就如同为家人付出。

试想,有谁会对家不尽心呢?宝洁的这种理念明显取得了效果,所以,无论在世界哪个地方,宝洁员工每天都在展示自己的聪明才智、创新精神和工作主动性。这一切都是宝洁飞速发展的动力。

感觉三：荣誉感

企业应该随时给予那些在工作中表现突出的员工相适应的荣誉。

表扬和评先的机制应该是系统性和永久性的，要在企业管理中作为一项制度来建立和执行。

党提出的"八荣八耻"就是充分运用了道德的力量，运用人对荣誉感的需求，激发人对内心真善美的挖潜，道德修养的提高。

在海尔，班组每天都评选出最好和最差的员工。集团设立"合理化建议奖"，并用员工名字命名小技改、小革新项目。对重大技术发明创造，为其申报专利并授予专业技术拔尖人才称号。对特殊贡献者，给予重奖。新的考评机制，激发了全体海尔员工挑战自我、争当第一的斗志，全集团形成了争先恐后、你追我赶的氛围。这充分体现了海尔公司运用人对荣誉感的追求的智慧。

感觉四：成就感

所谓"成就感"，顾名思义，就是一个人对自己的"成就"进行一番评价后产生的感觉。

杰克·韦尔奇说："因为人的劳动需要得到别人的肯定，这样会让他觉得自己的劳动很有价值，自己的存在对社会有了意义。那么他对待工作自然会更尽心尽力。"

成就感是自我激励机制的源泉，比精神激励机制的作用更持久，若人的付出得到了肯定，那么他就非常有成就感。

员工做出了业绩,企业要让他享受成长、成就的喜悦,他的聪明才智就会开发出来。

如何让员工有成就感,就是要根据员工的需求,给员工展现才能的机会,对其出色的表现给予及时的激励。比尔·盖茨说:"每天醒来,当我想到今天又要给全球的人类生活带来新的变化时,内心就充满了激情和喜悦",这就是成就感。企业管理者要善于激发员工的成就感,使其永远充满昂扬的斗志、饱满的激情、十足的信心,这样就可以充分地激发其潜能,让其创造出惊人的业绩。

感觉五:公平感

"海纳百川,有容乃大",海尔利用近代激励理论中的公平理论制定的"三公"原则,可谓中国企业纳才、容才的典范。

海尔用人讲赛马而不是相马,不是由领导发现人才,而是在实践中比较才能和业绩而定优劣。

对人才的考核任免讲究公平、公正、公开(以下简称"三公")。

考绩是人力资源管理中最重要的环节。它的主要功能在于为付酬、奖惩、升迁等重大人事决策提供准确的信息,而且通过考绩,对于员工发现自身优缺点并及时加以发扬和改正也有着重要的意义。

海尔的考绩实行的是全方位考评制度。

通过上级、下级的"市场链"及本人、同事、领导的客观评价,力求使考绩完全符合"三公"原则。海尔用"三公"原则改革传统的用人方法,使海尔员工干劲十足,争先恐后,你追我赶,在17年的时间里创造了从无到有、从小到大、从弱到强、从国内到海外的卓著业绩,建立起了强大的海尔家电王国。

感觉六：使命感

使命感是决定团队行为取向和行为能力的关键因素，是一切行为的出发点。

具有强烈使命感的同人不会被动地等待着工作任务的来临，而是会积极主动地寻找目标；不是被动地适应工作的要求，而是会积极、主动地去研究，变革所处的环境，并且会尽力做出有益的贡献，积累成功的力量。

企业文化对员工的推行一般会经历这样一个过程：不了解——一知半解——了解—接受（排斥）—认同—升华。这个过程是循序渐进的，而不是一蹴而就的。

员工产生使命感就是企业文化升华的最高表现，也是企业文化生效的最高境界。使命感的效力是惊人的，有了使命感，会让员工以解决企业大事为己任，尽心尽忠。

世界上的绝大多数百年企业、跨国企业都有自己的使命。

微软：致力于提供使工作、学习、生活更加方便、丰富的个人电脑软件；员工在工作中得到快乐。

惠普：为人类的幸福和发展做出技术贡献。

迪士尼：使人们过得快活。

因此，伟大的企业和领导者一定有企业的使命，让你的同人眼睛里永远有任务、肩膀上永远有责任、心中永远有激情。以强烈的使命感来为这个使命而工作，你和你的同人在为这个社会做贡献的同时，社会也一定会回馈你们。

管理者应根据人的性格和文化素质进行管理，根据人的情感需求进行激励，触动员工内心深处，挖掘其内心的真善美，体现出人性的和谐，以充分调动员工的主观能动性为企业和社会创造财富，同时更好地实现其自身价值。

再问：

激励1：分配激励机制的关键和命脉是什么？
激励2：育人激励机制的关键和命脉是什么？
激励3：留人激励机制的关键和命脉是什么？
激励4：招人激励机制的关键和命脉是什么？
激励5：晋升激励机制的关键和命脉是什么？
激励6：会议激励机制的关键和命脉是什么？
激励7：竞争激励机制的关键和命脉是什么？
激励8：排名激励机制的关键和命脉是什么？
激励9：降级激励机制的关键和命脉是什么？
激励10：淘汰激励机制的关键和命脉是什么？
激励11：竞岗激励机制的关键和命脉是什么？
激励12：利润激励机制的关键和命脉是什么？
激励13：PK激励机制的关键和命脉是什么？
激励14：考核激励机制的关键和命脉是什么？
激励15：联盟激励机制的关键和命脉是什么？
激励16：人才激励机制的关键和命脉是什么？
激励17：删除激励机制的关键和命脉是什么？
激励18：目标激励机制的关键和命脉是什么？
激励19：沟通激励机制的关键和命脉是什么？
激励20：绩效激励机制的关键和命脉是什么？
激励21：采购激励机制的关键和命脉是什么？
激励22：操心激励机制的关键和命脉是什么？
激励23：快乐激励机制的关键和命脉是什么？
激励24：开会激励机制的关键和命脉是什么？
激励25：感召激励机制的关键和命脉是什么？
激励26：成长激励机制的关键和命脉是什么？
激励27：感恩激励机制的关键和命脉是什么？
激励28：生日激励机制的关键和命脉是什么？
激励29：办公激励机制的关键和命脉是什么？
激励30：分享激励机制的关键和命脉是什么？

激励31：创新激励机制的关键和命脉是什么？

激励32：承诺激励机制的关键和命脉是什么？

激励33：礼仪激励机制的关键和命脉是什么？

激励34：伯乐激励机制的关键和命脉是什么？

激励35：省电激励机制的关键和命脉是什么？

激励36：早会激励机制的关键和命脉是什么？

激励37：招投标激励机制的关键和命脉是什么？

激励38：内部操作激励机制的关键和命脉是什么？

激励39：节约承包激励机制的关键和命脉是什么？

激励40：目标达标激励机制的关键和命脉是什么？

激励41：超额分红激励机制的关键和命脉是什么？

激励42：晋升薪酬激励机制的关键和命脉是什么？

激励43：内部承包激励机制的关键和命脉是什么？

激励44：超额对赌激励机制的关键和命脉是什么？

激励45：合理建议激励机制的关键和命脉是什么？

激励46：正品率PK激励机制的关键和命脉是什么？

激励47：员工评选激励机制的关键和命脉是什么？

激励48：产量提高激励机制的关键和命脉是什么？

激励49：增员奖励激励机制的关键和命脉是什么？

激励50：办公管理激励机制的关键和命脉是什么？

激励51：纪律监察激励机制的关键和命脉是什么？

激励52：耗材承包激励机制的关键和命脉是什么？

激励53：开业免单激励机制的关键和命脉是什么？

激励54：媒体宣传激励机制的关键和命脉是什么？

激励55：维修选用激励机制的关键和命脉是什么？

激励56：车辆管理激励机制的关键和命脉是什么？

激励57：项目承包激励机制的关键和命脉是什么？

激励58：食堂就餐激励机制的关键和命脉是什么？

激励59：全员销售激励机制的关键和命脉是什么？

激励60：分红奖励激励机制的关键和命脉是什么？

激励61：节约奖励激励机制的关键和命脉是什么？

激励62：项目分红激励机制的关键和命脉是什么?
激励63：质量提升激励机制的关键和命脉是什么?
激励64：废品承包激励机制的关键和命脉是什么?
激励65：月度大会激励机制的关键和命脉是什么?
激励66：门店承包激励机制的关键和命脉是什么?
激励67：选师带徒激励机制的关键和命脉是什么?
激励68：勋章授予激励机制的关键和命脉是什么?
激励69：内部创业激励机制的关键和命脉是什么?
激励70：内部经营激励机制的关键和命脉是什么?
激励71：公司运作激励机制的关键和命脉是什么?
激励72：顾客满意激励机制的关键和命脉是什么?
激励73：产品质量激励机制的关键和命脉是什么?
激励74：员工动力激励机制的关键和命脉是什么?

一转身：

带着企业激励问题，进入《企业领袖三合激励智慧研讨会》，三合智慧团队将与你共同探讨符合你企业员工的激励方案。

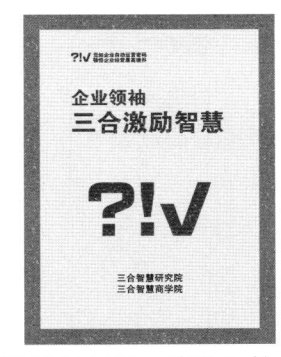

行深一步：

企业要发展、要腾飞，外部顾客至关重要，谁拥有顾客谁就拥有未来。请进入第二讲《企业领袖三合营销智慧》，从不同的视角、不同的切入点解析三合智慧，以飨读者。

第二讲
企业领袖三合营销智慧

当下社会，市场营销无处不在。

正源于此，市场营销理念也无时不在，且在不断发展与进化中。

纵观数十年来的市场营销理念，不难看出，市场营销出现了4P、6P、4C、4R、11P等营销理论概念，让我们抽丝剥茧，走进企业领袖三合营销智慧，逐一破解营销密码，洞察营销之本质。

本讲就何为市场营销？何为市？何为场？何为营？何为销？销售的"销"到底销什么？"销自己"三大通道是什么？销售的"售"到底售什么？"售观念"四大通道是什么？买卖中"买"的真谛是什么？买卖中"卖"的真谛是什么？销售过程中如何才能有效沟通？成功销售的五大心法是什么？市场营销有哪五大方略？何为4P营销？何为6P营销？何为11P营销？何为4R营销？何为4C营销？影响市场营销效果有哪六大宏观因素？影响市场营销效果有哪六大微观因素？做好营销必须清醒的七大问题是什么？等等问题与企业家朋友们一起探讨。

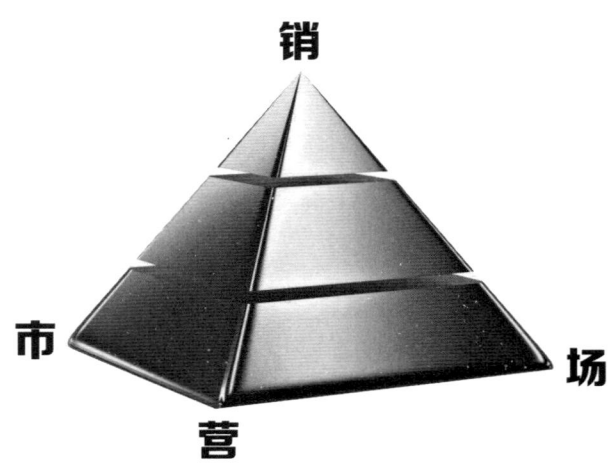

市场营销金字塔

问：何为市？

三合智慧解答：

市场营销中的"市"，就是你的营销对象。也就是你每天看到的、经历的、遇到的人、事、物都是"市"，都是你营销的背景，都是你的营销对象。

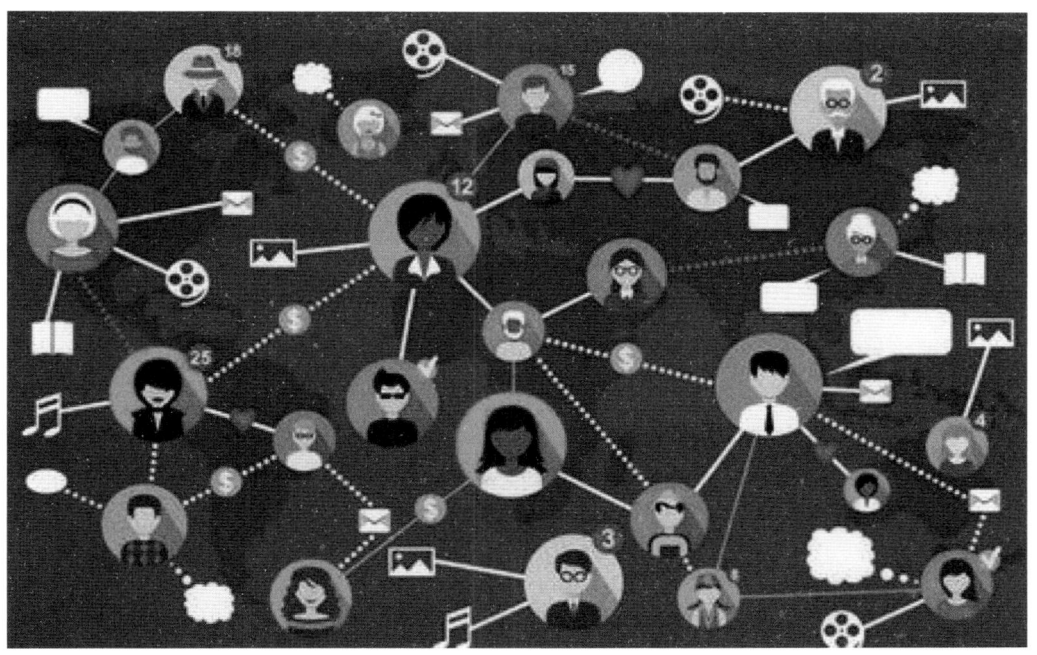

一切皆当背景。在马路上擦肩而过的，在公交车上看到的，在会场上坐着的，都是你的对象，一个也不放过，你就是营销的天才。

把所见的任何人、事、物都纳入你的视线，成为你的营销对象，你已经具备了成为营销天才的潜质。

"推销之神"原一平："谁说保险不好做，不知道客户在哪里。在我看来，走在街上，放眼望去，满眼都是客户，低头望去，遍地都是黄金。"

"市"的本质就是"金条"，所见任何人、事、物都视为是"金条"，看到每一个人在走动，就像看到金条在晃动。

 企业领袖三合智慧

问：何为场？

三合智慧解答：

市场营销中的"场"又有什么特殊的内涵呢？它是指企业以及个人事业上、职业生涯中得以飞翔的环境、氛围。企业经营就是经营场，市场营销就是要会捧场、造场、用场。

企业经营就是经营场，做好营销就是要会造场、用场。不会造场、用场的营销人员不能叫营销高手，真正的营销高手一定是造场、用场高手，因此要想成为营销高手，必须掌握"三场戏"。

场一：捧场
即开朗、接受的态度，正面、积极的语言，营造良好、完美的沟通交流氛围。人捧人，越捧越高，你也高，他也高。

场二：造场
即把小场变大场，经营文化，经营氛围，经营筹码。

场三：用场
即利用一切为你存在的营销环境进行销售。

问：何为营？

三合智慧解答：

市场营销中的"营"，就是经营，包括经营团队、经营人脉、经营道场、经营文化、经营筹码等。

问：何为销？

三合智慧解答：

市场营销中的"销"，是指销的是一颗心、一颗真诚的心、一颗爱客户的心、一颗真正能够帮助客户解决困难的心；销的是企业文化、企业灵魂；销的是一种正能量。

销有如下三个本质：

本质一：帮助、有用

为什么同仁堂中医院院内熙熙攘攘，患者云集？因为同仁堂的服务能够解除患者的痛苦，有利于患者健康。

本质二：幸福、美好

为什么近年来中医养生很受欢迎？因为中医养生可以让人们家庭更幸福，生活更美好。

本质三：观念、信用

是什么让同仁堂生生不息，代代相传？因为同仁堂的"货真价实"观念和不偷工减料、不偷懒的诚实信用原则，使其跨越了几个朝代，经历了多少轮战火而生生不息，代代相传。因此销的是观念、信用、文化、灵魂。

问：销售的"销"到底销什么？

三合智慧解答：

销售的"销"的本质是自己。销售任何产品之前首先销售的都是自己，因为产品和顾客之间有一个重要的桥梁：销售人员本身。在销售过程中，假如顾客不信服和接受你这个人，他还会给你介绍产品的机会吗？

 企业领袖三合智慧

看三大高手如何说？

高手一：世界汽车销售第一人乔·吉拉德说："事实上，凡是向你买东西的人，买的都是你。"

高手二：现代销售理论奠基人戈德曼博士说："销售最重要的要素是人。把一个不合适的人放到销售岗位上，一开始你就失败了。"

高手三：李嘉诚说："要想在商业上取得成功，首先要会做人，因为世情才是大学问，世界上每个人都精明，要令大家信服并喜欢和你交往，那才是最重要的。"

问："销自己"的三大通道是什么？

三合智慧解答：

通道一：让人喜欢

如何让人喜欢？必须注重如下几点：

注重一：着装

为成功而打扮，为胜利而穿着。职业套装是你发家致富的第一笔"投资"。职业着装尽量选择中庸、大方且简洁的衣服。女士在款式上可有更多的选择，但是也要更加谨小慎微。

注重二：举止

时刻勿忘礼仪。"礼多人不怪"，这句话绵延千年而流传至今，依然适用。

注重三：谈吐

销售员的谈吐，将会直接影响到他的推销生涯。使用礼貌用语，应做到自觉、自然、熟练。说话的艺术无处不在，应在生活、工作中多观察、多总结。别蜷在椅子上打电话，别仰望天花板打电话，别左顾右盼打电话。

通道二：让人相信

如何让人相信？要注意如下几点诚信：

诚信一：虔诚

对公司、对自己销售的产品要抱十二分的虔诚，对客户也要抱十二分的虔诚。当销售员虔诚地一边做笔记一边听客户说话时，一种受到尊重的感觉也会在客户心中油然而生。

诚信二：见证

用第三者来替你发言，而不是你本人来发言。你自己讲你的产品有多好，别人会说你王婆卖瓜——自卖自夸，还不如让其他客户替你讲话。超级见证，就是名人见证，数量见证，一般客户见证，有利于客户了解你、信任你。

诚信三：坚定

成功需要自内而外的精神力量，需要坚定的信念。坚定地相信自己能给对方帮助，坚定地相信自己的产品对客户有用，坚定地相信客户用过产品会感激我，把坚定写在脸上。

通道三：成为顾问

如何让人认为你是此行的专家？注意如下几点：

注意一：专业

清楚地知道客户关心的是什么，如质量价格、产品功能、品牌信誉、售后服务。一举一动、一言一行都展现出你的专业性。

注意二：敬业

持续地保持热情，让热情成为一种习惯。

克服拖沓，请从现在开始，立即"付诸行动"。

免费顾问，像关心自己一样关心客户的利益，诚实、礼貌地对待客户，从内心深处为他们着想。经常给客户们一个又一个专业的惊喜。

问：销售的"售"到底售什么？

三合智慧解答：

销售过程中"售"的是观念，是价值观。

对客户来说，此产品是重要需求还是不重要需求。

因为，售产品就是售观念。在向你的客户推销产品之前，先想办法弄清楚他们的观念，再去配合他。

我们并不一定要成为心理学家，但我们一定要设法了解客户的心理和观念。

如果客户的购买观念和我们销售的产品和服务的观念有冲突，那就先改变客户的观念，然后再进行销售。

行深一步，研究一下客户的四种需求观念。

需求一：想要获得

健康、时间、金钱、安全感、赞赏、舒适、青春与美丽、成就感、自信心、成长与进步、长寿。

需求二：希望成为

好的父母、易亲近的、好客的、现代的、有创意的、拥有财产的、对他人有影响力的、有效率的、被认同的人。

需求三：希望去做

表达他们的人格特质、保有私人领域、满足好奇、模仿、欣赏美好的人或事物、获得他人的情感、不断地改善和进步。

需求四：希望拥有

别人"有"的东西、别人"没有"的东西、比别人"更好"的东西。

问："售观念"的四大通道是什么？

三合智慧解答：

销售过程中售的是什么？答案：观念。

"售观念"的四大通道如下：

通道一："售"一种想法、一种状态、一种感觉的传播与倡导

在各个行业产品同质化异常严重的今天，无论你开发、生产、销售哪类产品，其

目标群体都有很大的选择余地和可选择空间,怎样才能有效地把产品信息传播到消费者那里,让消费者购买并忠于产品,表面上看是一个市场营销的问题,但从意识形态来看,其实质问题应该是生活或消费中一个观念、一种想法、一种状态、一种感觉的传播与倡导。

通道二:"售"一种服务理念的核心承载

现实生活中,人们都有这样那样的想法和需求,仔细观察并详细记录(这也就是所谓的市场调研),并对这些加以总结、提取,从分析和迎合并诱导人们这种需求的角度出发,充分挖掘利用自身的优势资源进行产品的开发设计。

在此种原则下开发出来的新品无论从外观、基本色调、包装方式,还是基本功能表现与配置、产品更新换代、产品线完善等,都应该是一种服务理念的核心承载,也是一种生活新观念、新观点的表现形式。

这种观念观点是以满足人们的需求为根本的,在这种层面上,产品仅仅是表面的,意识形态上的观念观点却是实在的、内在的,也是最根本的。

通道三:"售"一种新观点、新感觉、新状态

在这种基本原则之下,新品的上市营销变成一种生活观念的传播与倡导,当然,以怎样的媒体来承载,通过怎样的途径和方式来传播这种观念、状态、感觉,让人们得到、认知、熟知、忠于这种观念、感觉、状态,还要受产品的特性、基本的网络架构、目标群体的特征、销售区域的状况等具体情况的约束。

笼统地来讲,就是一种新观点、新感觉、新状态怎样传播?怎样倡导?

在以产品为承载（但产品的销售并不能视为终结）的前提下，通过什么样的途径引起一些消费群体的关注，引发目标人群的兴趣，并让这种观念在目标人群中流行起来，使之成为目标群体的一种习惯，进而形成习惯，忠于品牌，实现产品的二次、三次销售。

通道四：“售”基于一种思考和一种意识形态上观念的提炼

产品的市场营销手法和途径往往有较强的针对性，但有时候强针对性的另一个侧面是潜在的约束与束缚。

例如，卖房子，开发商往往都在炫耀楼盘地理位置的优越，在什么什么商务区，或什么什么风景区，硬件设施多么多么好，这国名牌的家具，那国高档的卫具等，这些对消费者诚然有很强的吸引力。

有实力的大谈特谈这些当然好，没有实力的也一味地跟进拼比硬件，遵循一贯的手法，显然不太合乎实际情况，并不是开发者的初衷。

据此状况，在项目定位之初，在界定目标群体的前提下，应详细调查目标人群的实际或潜在需求，引导需求产生，总结并满足这种需求，同时使之上升到意识形态，而不单单是硬件设施的拼比，或者是一个概念的炒作。

一个概念的炒作往往表现为一种短期行为，上升到意识形态，应有更高、更宽的层次和范围，是一种长期的投入。

应在这种基本架构下，针对行业的特性，进行一种观念、一种状态、一种感觉的传播倡导。

这种传播不是被动的，不仅仅是基于产品销售，而是基于一种思考，基于一种意识形态上观念的提炼与整合，从此角度出发的产品销售，应是其具体表现的一种形

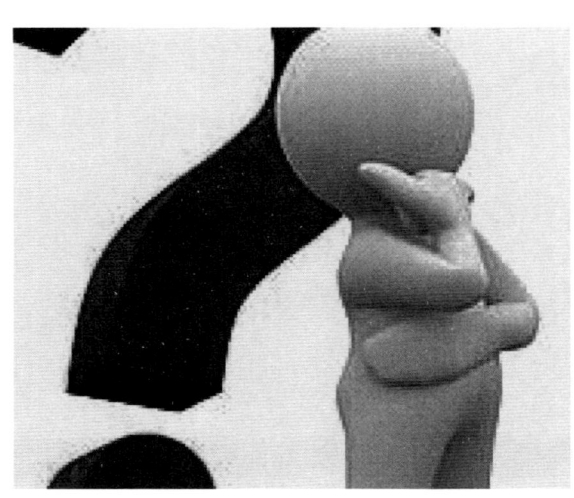

式，整个营销过程在这种表现思想的指导下，应该充满了弹性，有许许多多的"触角"，有许许多多的利益增长点。

从某种意义上讲，在上升到意识形态的情况下，运作的产品市场营销，应是主动、积极的、全面更深层次的"大"营销，有别于为了"营销"而进行的营销。

问：买卖中"买"的真谛是什么？

三合智慧解答：

买卖，即交易，市场营销的核心思想就是交易。

产品只有与终端客户发生了交易买卖关系，才会产生利润，才会实现企业目标。

人们对客观外界的认识是由感觉开始的，客户在判断一件产品时也必然是由感觉开始。

同样一件商品，只因为颜色稍有差异或包装稍有不同，消费者可能一眼看中，进而购买，也可能一瞥过后，再不理会。

所以，在买卖过程中，客户买的是感觉。

感觉一：人们买不买某一件东西通常有一个决定性力量在支配，那就是感觉。

感觉二：感觉是一种看不见、摸不着的影响人们行为的关键因素，它是一种人和人、人和环境互动的综合体。

感觉三：企业、产品、人、环境、语言、语调、肢体动作等都会影响客户的感觉。

感觉四：在整个销售过程中，为客户营造一个好的感觉，你就找到打开客户钱包的"金钥匙"了。

问：买卖中"卖"的真谛是什么？

三合智慧解答：

在买卖过程中，"卖"的是好处。

好处就是能给对方带来什么快乐和利益，能帮他减少或避免什么麻烦与痛苦。

客户永远不会因为产品本身而购买，客户买的是通过这个产品或服务能给他带来的好处。

二流的销售人员贩卖产品（成分），一流的销售人员贩卖结果（好处）。对客户来讲，客户只有明白产品会给自己带来什么好处、避免什么麻烦才会购买。

行深一步：如何陈述好处？有哪些通道？

通道一：认同客户

一方面可以确认自己对客户需求是否理解有误，另一方面，让客户获得被尊重的感觉。

通道二：用好处满足客户需求

找出客户所需要产品的特征和优点，把它转化成好处放在客户面前。

通道三：用推广工具支持、证明自己的观点

可资利用的工具包括公司及其产品宣传资料、媒体资料、质量认证证书、相关部门证明资料等。

到此惊醒：销售高手卖好处。因为，一流的销售人员不会把焦点放在自己能获得多少好处上，而是会放在客户会获得多少好处上。当客户通过我们的产品或服务获得确实的利益时，客户就会把钱放到我们的口袋里，而且还要跟我们说"谢谢"。

问：销售过程中有效沟通的四大通道是什么？

三合智慧解答：

销售过程中如何才能有效沟通，有四大通道。

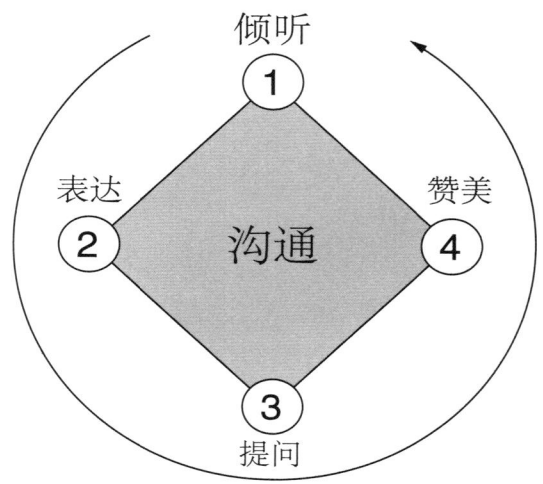

通道一：问

问是所有销售说服的关键，非常非常重要，很难告诉你问在这里有多重要。假如在这本书中我只教你一个快速提升业绩的方法，那就是"问"。

生命和生活的品质取决于沟通的品质。

沟通，能使你的想法、观念、点子、产品、服务让对方接受。

让对方容易接受，感觉良好，感觉舒服，就比较容易达成你想要的结果。

如果你说得很有道理，而对方不能接受，感觉不好，他是不会接受你的想法、观念、点子、产品、服务的，并且会想尽办法反驳你。

通过沟通，达成双方的一致性，消除彼此的差异，找出共同点，建立亲和力，进入一个共同的频道，达成彼此的目的。

通道二：听

听是首要的沟通技巧。沟通中我们要做到最高境界的听，即用心听，用心沟通。

如果不能够认真聆听别人的谈话，也就不能够"听话听音"，何谈机警、巧妙地回答对方的问题？

聆听是一种高尚的赞美，同时又是一种礼貌，是对别人最好的恭维，是一种尊敬他人的表现，聆听能让对方喜欢你、信赖你。

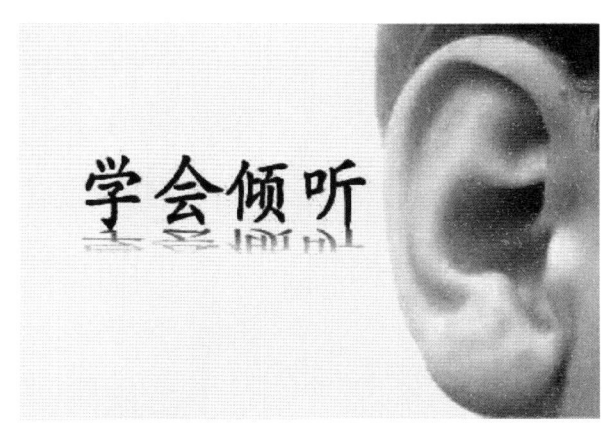

做一个会倾听的高手就离营销高手不远了。"听"有四大命脉：

命脉一：记笔记

立即让对方感觉到被尊重，记下重点便于沟通，以免遗漏，重新确认，减少误会和误差。

命脉二：不插嘴

让对方感觉良好，让对方多说，让对方说完整。

命脉三：停顿3~5秒

让对方继续说下去，你可以利用这点时间组织语言，让对方觉得你说的话是经过脑子的，可信度比较高。

命脉四：不明白的地方问

听懂他的意思,让对方觉得你听懂了。

通道三:肯定

肯定认同是建立信赖感、达成交易的桥梁。

在沟通过程中,最好不要轻易地否定客户的看法,即便对方是在吹毛求疵,你也要让对方把话说完,并且认可他,让他感觉你是他的知己,让他喜欢你、信赖你。这样不会给人强词夺理的感觉,也较容易掌握对方的情绪。

面对很挑剔的客户时,最好先静静地听他说话,等他都说完之后,在认同他的意见的基础上,再表达你的高见,这样比较容易得到你想要的结果。

要对顾客进行肯定、认同,被别人承认,是人们基本的心理需求。

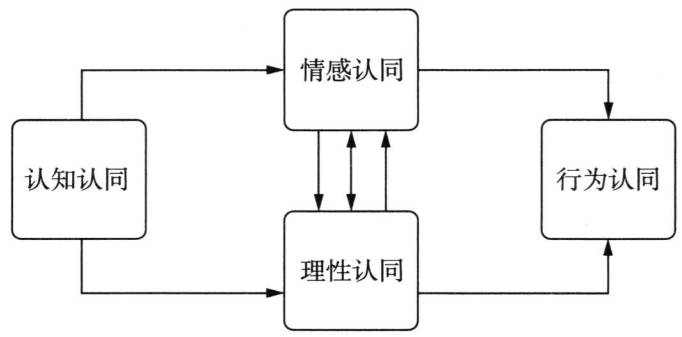

玄机如下:

玄机一:客户永远是对的。

玄机二:沟通的最后目的就是要达成双方一致。

玄机三:销售与战争最大的区别在于,在销售过程中我们不是要赢得战争而是要达成交易。

玄机四:人类行为学家告诉我们:在这个世界上你如何对别人,别人就会如何对你,你肯定认同别人,别人就比较容易认同你。

假如你反对别人呢?客户也会反对你。

所以,要善用肯定认同的技巧。

通道四:赞美

赞美是拉近你和客户间距离最有效的手段。

赞美,是对对方优良品质、能力和行为的一种语言肯定,是人们对待世界的一种健康心态,是处理人际关系的一种积极态度。现在满世界充满了矫饰的奉承和浮华的过誉之词,恰恰说明了肯定和赞美的作用。

　　站在客户的角度思考问题是导购成功的关键。既然客户需要赞美,我们又何必吝啬我们的语言呢?

　　当然,赞美是一种艺术,其后隐藏着无穷的智慧。

　　不同的顾客需要不同的赞美方式,赞美方式的正确选用和赞美程度的适度把握,才能保证赞美的成效。

　　当我赞美敌人时,敌人已经是朋友;当我鼓励朋友时,朋友已经成为手足。

　　到此明了:赞美的玄机

　　玄机一:要发自内心地、真诚地去赞美对方;

　　玄机二:赞美对方的闪光点(任何人身上都有闪光点);

　　玄机三:赞美对方某一个比较具体的地方;

　　玄机四:使用间接的赞美,赞美与他相关联的人或事,借第三者赞美。

问:成功销售的五大心法是什么?

三合智慧解答:

　　心法的概念,出自佛家,是指心的一切法。

　　佛说一切法皆由心生,一切法皆是心法。

　　用心销售是破解成功营销密码。开启成功营销智慧,五大心法具体如下:

心法一:坚信自我的心

　　成功需要自内而外的精神力量,需要坚定的信念,需要保持良好的精神状态。

　　坚定的信念与成功相辅相成。

　　一个人越是具有坚定的信念,成功的机会就越大,越成功也会使他的信念越来越坚定,这是一个很完美的循环。

作为一名销售员，要抱着坚定的信念而不是消极的态度来看待自己的工作，从每一点工作中看到成就，看到成功，最后就会从坚定中获得一次次成功，坚信自己对客户有帮助。因为，只要不放弃，别人永远拒绝不了你。

心法二：坚信客户相信我的心

价值观同步是"坚信客户相信我"的关键，成龙代言的"好空调，格力造"广告，已让格力空调的质量深入消费者的价值观。

因为当时消费者注重的是质量。

随着空调的发展，各家空调质量都已经上升到一定程度的时候，人们更加注重的是耗电量。

格力广告的改变正是为了迎合、引导客户价值观的改变。销售过程中"坚信客户相信我"，就是要做到与客户的价值观同步。

价值观同步就是：

（1）找出客户价值观；

（2）改变客户价值观；

（3）种植客户新的价值观。

心法三：坚信产品对客户有用的心

销售员对产品的态度会决定其业绩的高低，热爱产品，一定要把产品摸透，了解产品的独特卖点，理解产品的竞争优势。

百分之百相信产品、不断复习产品的优点。

销售人员如果像坚信自己的性别一样坚信公司的产品，那么在与客户的互动沟通中，就会有效地传达给客户充满自信的信息，才能在顾客面前昂首挺胸，侃侃而谈，顺利地说服顾客。

只有对产品有信心，才能对自己有信心。

心法四：坚信客户现在就需要的心

销售人员经常碰到的拒绝就是"不需要"，化解之道就是坚信客户现在就需要。

也许，客户说得对。

但事实上,大多数"不需要"仅仅是一个借口,或者是客户在故意拖延时间。

客户对销售人员做出"不需要"的拒绝可能是由于销售人员喋喋不休地介绍自己的产品或者服务,或者是由于刚刚有一个销售人员惹恼了客户,导致客户把怨气发在了你的身上。

心法五:坚信客户使用后感激我的心

用心服务,为客户着想,客户使用后一定会感激你。

用"心"工作,用"心"服务,把应该做的做到位,再把你认为应该告知客户的,或者你认为你力所能及做到的也做好,包括客户期望之外的事情,客户会感到你的真诚,为客户着想。

一切从客户的角度思考,时刻了解产品在消费者心中的心理价位,每时每刻牢记"为客户节约每一分钱",问客户还有什么困难需要帮助?问客户是否需要帮助解决产品上的问题,解除客户的后顾之忧。坚信客户使用后会感激我,客户使用完产品后一定会感激我。

问:市场营销有哪五大方略?

三合智慧解答:

方略一:知己知彼,百战不殆

要与竞争对手过招,知己知彼是关键,以便制定进攻策略,不打无准备之战。

系统搜集竞争对手的信息,分析竞争对手的优劣势,寻找对手的薄弱环节进行进攻。尽可能多地获取竞争对手的信息。

竞争信息系统的建立和实施要做到两个原则:实用、有效。

方略二：避实就虚，攻击软肋

在与竞争对手进行交锋时要选择对方的薄弱环节进行攻击，不要选择竞争对手的强项与竞争对手发生正面的交锋，要避实就虚，在竞争对手控制的市场进攻所需付出的代价往往比在其他市场进攻或者防守要高出几倍。

因此不宜正面交锋，而是针对竞争对手的薄弱环节制定市场策略，避其锋芒，乘虚而入，在提高资源效率的同时，有力打击对手。

方略三：快速强攻，先发制人

兵法有云：先发制人，后发制于人。

自身无论是在产品的卖点、媒体资源，还是渠道、终端上，都要先声夺人，先发制人，才能以势压倒竞争对手。

方略四：以强攻弱，集中攻击

兵法常讲集中优势兵力，各个击破。

历史上曾有过无数成功的战例。

兵法如此，商战也如此，要在竞争对手控制的市场选择集中性攻击策略。

方略五：抢位营销，量力而行

作战讲究"量力而行"的原则，营销进攻也是一样的道理。之所以要量力而行，就是为了让优势最终转化为胜势。

问：何为4P营销？

三合智慧解答：

美国市场营销专家麦卡锡（E. J. Macarthy）在人们营销实践的基础上，提出了著名的4P营销策略组合理论。

即产品（Product）；

定价（Price）；

渠道（Place）；

促销（Promotion）。

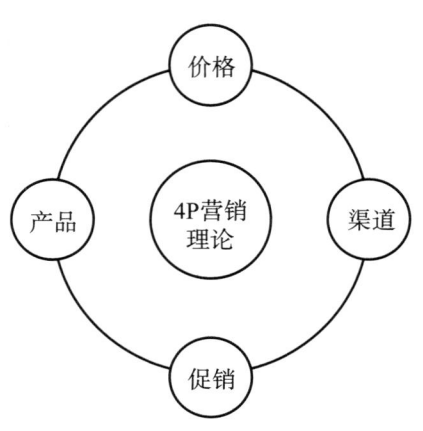

4P是营销策略组合通俗经典的简称,奠定了营销策略组合在市场营销理论中的重要地位,它为企业实现营销目标提供了最优手段,即最佳综合性营销活动,也称为整体市场营销。

问:何为6P营销?

三合智慧解答:

20世纪80年代以来,世界经济走向滞缓发展,市场竞争日益激烈,政治和社会因素对市场营销的影响和制约越来越大。

这就是说,一般营销策略组合的4P不仅要受到企业本身资源及目标的影响,而且更受企业外部不可控因素的影响和制约。

一般市场营销理论只看到外部环境对市场营销活动的影响和制约,而忽视了企业经营活动也可以影响外部环境,另一方面,克服一般营销观念的局限,大市场营销策略应运而生。

著名市场营销学家菲利浦·科特勒提出了大市场营销策略,在原4P组合的基础上增加两个P,即

即产品(Product);
定价(Price);
渠道(Place);
促销(Promotion);
权力(Power);
公共关系(PublicRelations)。
简称6P。

(1)产品策略
(2)价格策略
(3)促销策略
(4)分销策略
(5)公共关系
(6)权力营销

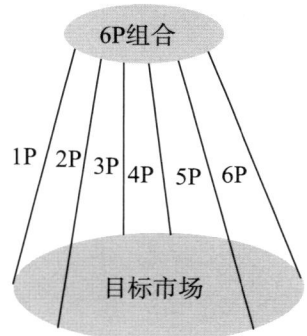

营销方式是6P以及组合

问:何为11P营销?

三合智慧解答:

1986年6月,美国著名市场营销学家菲利浦·科特勒又提出了11P营销理念。

将产品、定价、渠道、促销称为"战术4P";将探查、分割、优先、定位称为"战

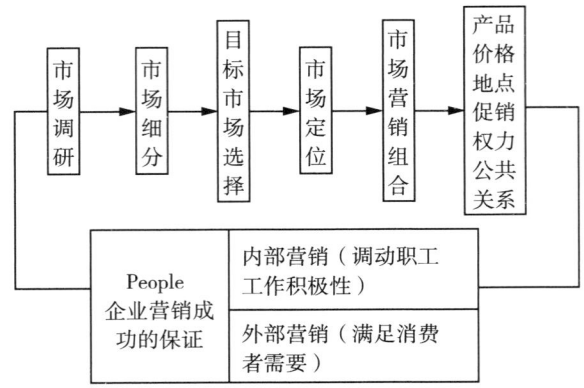

市场营销11P内容

略4P"。即在6P营销之外加上：

探查：(Probe) 即探索，就是市场调研，通过调研了解市场对某种产品的需求状况如何，有什么更具体的要求；

分割：(Partition) 即市场细分的过程，按影响消费者需求的因素进行分割；

优先：(Priorition) 即选出自己的目标市场；

定位：(Position) 即为自己生产的产品赋予一定的特色，在消费者心目中形成一定的印象，或者说就是确立产品竞争优势的过程；

员工：(People) "只有发现需求，才能满足需求"，这个过程要靠员工实现。企业要想方设法调动员工的积极性。这里的People不单单指员工，也指顾客。顾客也是企业营销过程的一部分，如网上银行，客户的参与性就很强。

近几年来，西方企业营销又有了新发展，营销专家通过剖析营销策略与营销战略的内在联系，将二者有机结合，概括出了"11P"，从而更加丰富和深化了市场营销理论的内容。

11P理论认为，企业在"战术4P"和"战略4P"的支撑下，运用"权力"和"公共关系"这2P，可以排除通往目标市场的各种障碍。

问：何为4R营销？

三合智慧解答：

4R营销理论是以关系营销为核心，注重企业和客户关系的长期互动，重在建立顾客忠诚。它既从厂商的利益出发又兼顾消费者的需求，是一个更为实际、有效的营销制胜术。

艾略特·艾登伯格（Elliott Ettenberg）在其《4R营销》一书中提出了4R营销理论。4R理论的营销四要素：

要素一：关联（Relevancy）

即认为企业与顾客是一个命运共同体。建立并发展与顾客之间的长期关系是企业经营的核心理念和最重要的内容。

要素二：反应（Reaction）

在相互影响的市场中，对经营者来说最难实现的问题不在于如何控制、制订和实施计划，而在于如何站在顾客的角度及时地倾听和测试商业模式转移成为高度回应需求的商业模式。

要素三：关系（Relationship）

在企业与客户的关系发生了本质变化的市场环境中，抢占市场的关键已转变为与顾客建立长期而稳固的关系。与此相适应，产生了5个转向：从一次性交易转向强调建立长期友好的合作关系；从着眼于短期利益转向重视长期利益；从顾客被动适应企业单一销售转向顾客主动参与到生产过程中来；从相互的利益冲突转向共同的和谐发展；从管理营销组合转向管理企业与顾客的互动关系。

要素四：报酬（Reward）

任何交易与合作关系的巩固和发展都是经济利益问题。因此，一定的合理回报既是正确处理营销活动中各种矛盾的出发点，也是营销的落脚点。

4R营销理论的最大特点是以竞争为导向，在新的层次上概括了营销的新框架，根据市场不断成熟和竞争日趋激烈的形势，着眼于企业与顾客的互动与双赢，不仅积极地适应顾客的需求，而且主动地创造需求，运用优化和系统的思想去整合营销，通过关联、关系、反应等形式与客户形成独特的关系，把企业与客户联系在一起，形成竞争优势。其反应激励为互动与双赢、建立关联提供了基础和保证，同时也延伸和升华了便利性。

"回报"兼容了成本和双赢两方面的内容，追求回报，企业必然会实施低成本战略，充分考虑顾客愿意付出的成本，实现成本的最小化，并在此基础上获得更多的市场份额，形成规模效益。

这样，企业为顾客提供价值和追求回报相辅相成。

问：何为4C营销？

三合智慧解答：

随着市场竞争日趋激烈，媒介传播速度越来越快，4P理论越来越受到挑战。美国学者罗伯特·劳特朋提出了与传统营销的4P相对应的4C营销理论。

4C营销理论以消费者需求为导向，重新设定了市场营销组合的四个基本要素，即

要素一：Customer(顾客)

主要指顾客的需求。企业必须首先了解和研究顾客，根据顾客的需求来提供产品。同时，企业提供的不仅仅是产品和服务，更重要的是由此产生的客户价值(Customer Value)。

要素二：Cost(成本)

成本不单是企业的生产成本，或者说4P中的Price(价格)，还包括顾客的购买成本，同时也意味着产品定价的理想情况，应该是既低于顾客的心理价格，亦能够让企业有所盈利。

此外，这中间的顾客购买成本不仅包括其货币支出，还包括其为此耗费的时间、体力和精力消耗，以及购买风险。

要素三：Convenience(便利)

即为顾客提供最大的购物和使用便利。

4C营销理论强调企业在制定分销策略时，要更多地考虑顾客的方便，而不是企业自己方便。

要通过好的售前、售中和售后服务来让顾客在购物的同时，也享受到便利。便利是客户价值不可或缺的一部分。

要素四：Communication(沟通)

即用于取代4P中对应的Promotion(促销)。4C营销理论认为，企业应通过同顾客进行积极有效的双向沟通，建立基于共同利益的新型企业/顾客关系。

这不再是企业单向的促销和劝导顾客，而是在双方的沟通中找到能同时实现各自目标的通途。

问：影响市场营销效果的六大宏观因素是什么？

三合智慧解答：

宏观因素是指企业运行的外部大环境，它对于企业来说，既不可控制，又不可影响，而它对企业营销的成功与否起着十分重要的作用。

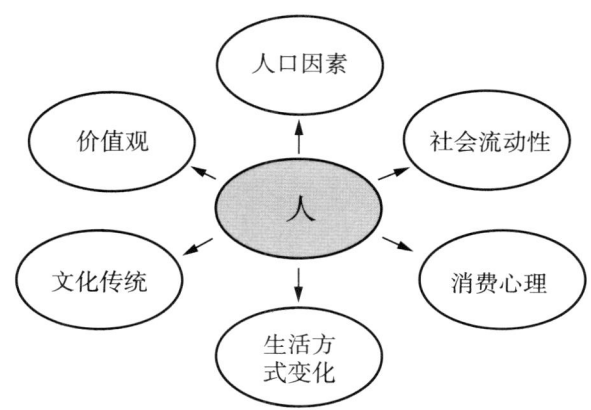

宏观一：人文环境

人文环境可以定义为一定社会系统内外文化变量的函数。文化变量包括共同体的态度、观念、信仰系统、认知环境等。

人文环境是社会本体中隐藏的无形环境，是一种潜移默化的民族灵魂。包括：

（1）人口数量与市场构成的关系；
（2）人口城市化与市场的关系；
（3）世界人口年龄结构变化与市场的关系；
（4）客流的移动特点和规律与地理环境的关系；
（5）购买动机与地理环境的关系；
（6）家庭；
（7）社会地位阶层等都会影响细分市场。

宏观二：经济环境

所谓经济环境是指构成企业生存和发展的社会经济状况和国家经济政策，是影响消费者购买能力和支出模式的因素，包括收入的变化、消费者支出模式的变化等。也包括：国民生产总值；个人收入，反应购买力高低；外贸收支情况等。

宏观三：自然环境

自然资源的短缺和保护；环境的恶化；疾病的影响。

宏观四：技术环境

技术对企业竞争的影响；对消费者的影响。

宏观五：政治法律环境

政治格局的稳定和国家的政治法律环境都直接影响营销策略。

宏观六：社会文化环境

教育水平、宗教信仰、传统习惯。

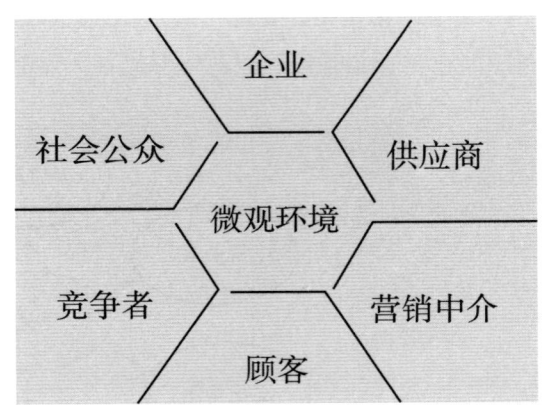

问：影响市场营销效果的六大微观因素是什么？

三合智慧解答：

微观环境因素是指存在于企业周围并密切影响其营销活动的各种因素和条件，具体包括：

微观一：供应者

资源的保证，成本的控制。

微观二：购买者

包括：

（1）私人购买者：人多面广，需求差异大，多属小型购买，购买频率较高，多属非专家购买，购买流动性较大；

（2）集团购买者：集团购买者数量较小，但购买者的规模较大；属于派生需求；集团购买需求弹性较小。

微观三：中间商

其购买产品和服务，主要是为了专卖，以取得利润；由专家购买；购买次数较少；

单批量大。

微观四：竞争者
（1）竞争者及其数量和规模；
（2）消费者需求量与竞争供应量的关系。

微观五：公众
金融公众、政府公众、市民行动公众、地方公众、企业内部公众、一般群众。

微观六：企业内部各部门协作

问：做好市场营销必须清醒的七大问题是什么？

三合智慧解答：

问题一：我的顾客是谁？
要对顾客进行分类。

大众分类法可以分为男人女人、老人孩子，按社会职能来分可以分为蓝领、白领、黑领等。

中国有13多亿人，做策略行销切忌说：我要把产品卖给所有人！一定要定位好自己的客户群体。

找顾客的需求点、定位产品的卖点。

把顾客分类完毕，还需要做什么呢？

问题二:顾客的需要点是什么?

老子有一句话叫:知人者智,自知者明。

什么叫知人者智呢,就是了解别人的需求是一种智慧;什么叫自知者明呢,就是了解自己产品的卖点。

(1)显性需求;

(2)潜在需求;

(3)趋势性需求。

做完了这些,还要对顾客的需要点进行分类。

你的产品是满足顾客衣食住行这些显性需要呢,还是保健类的潜在需求,还是车子、房子这些趋势性、未来性需求?

你的顾客常在哪里出现?把广告投放到你的顾客不去的地方,等于是竹篮打水一场空。

问题三:我的卖点是什么?

产品卖点应该如何定位?

卖点必须是独特的。

假如有人向你推销一款化妆品,说可以"包治百病",那一定是不会有人敢买的。

因此,策略行销也要考虑顾客购买时会怎么想,就是顾客购买时的考虑点。

问题四:顾客购买时的考虑点是什么?

(1)能否解决我的问题;

(2)能否带来好处;

(3)能否创造价值。

这些考虑点也是有主次之分的。

当一款产品解决问题、带来好处、创造价值碰在一起的时候,顾客首先会先问什么?

肯定是解决问题。如病人头痛去看病,大夫肯定不会说:给你开个保健品,连续吃半年后就能从根本上解决你的头痛。

顾客需要的是解决现有的问题,而不是未来的问题。

问题五:谁来帮我推广推销?

从广义上来讲帮我们赚钱的有营销代表、顾客。

因此,要考虑到:(1)营销队伍的建设和打造;

(2)口碑营销和顾客转介绍。

问题六:抢我市场的人是谁?

谁在和你抢钱?

毫无疑问是竞争对手。

这个世界竞争无处不在,因为有竞争才让我们感觉到差距,知道还有不足。

今天的社会商业竞争程度惨烈到了极致,不只是"快鱼吃慢鱼",而是所有的快鱼会形成联盟然后消灭所有的慢鱼。

问题七:什么样的语言才能打动顾客?

用客户听得懂的语言和客户沟通。

用最简单的语言站在客户的角度去和客户沟通,而不是用你所掌握的专业语言去沟通。

研究发现,顾客的智商只有几岁。

市场份额越大的产品，广告语越口语化、简单化，例如，今年过节不收礼，收礼只收脑白金。

再问：

营销1：如何进行信用营销？有何玄机？

营销2：如何进行服务营销？有何玄机？

营销3：如何进行广告营销？有何玄机？

营销4：如何进行品牌营销？有何玄机？

营销5：如何进行数据营销？有何玄机？

营销6：如何进行饥饿营销？有何玄机？

营销7：如何进行体育营销？有何玄机？

营销8：如何进行公益营销？有何玄机？

营销9：如何进行活动营销？有何玄机？

营销10：如何进行电话营销？有何玄机？

营销11：如何进行论坛营销？有何玄机？

营销12：如何进行微博营销？有何玄机？

营销13：如何进行微信营销？有何玄机？

营销14：如何进行服务营销？有何玄机？

营销15：如何进行网络营销？有何玄机？

营销16：如何进行体验营销？有何玄机？

营销17：如何进行个性营销？有何玄机？

营销18：如何进行会员营销？有何玄机？

营销19：如何进行知识营销？有何玄机？

营销20：如何进行情感营销？有何玄机？

营销21：如何进行教育营销？有何玄机？

营销22：如何进行复合营销？有何玄机？

营销23：如何进行差异营销？有何玄机？

营销24：如何进行整合营销？有何玄机？

营销25：如何进行联合营销？有何玄机？

营销26：如何进行绿色营销？有何玄机？

营销 27：如何进行事件营销？有何玄机？

营销 28：如何进行社群营销？有何玄机？

营销 29：如何进行对立营销？有何玄机？

营销 30：如何进行奖励营销？有何玄机？

营销 31：如何进行战略营销？有何玄机？

营销 32：如何进行文化营销？有何玄机？

营销 33：如何进行切割营销？有何玄机？

营销 34：如何进行娱乐营销？有何玄机？

营销 35：如何进行直复营销？有何玄机？

营销 36：如何进行水平营销？有何玄机？

营销 37：如何进行插位营销？有何玄机？

营销 38：如何进行公益营销？有何玄机？

营销 39：如何进行会议营销？有何玄机？

营销 40：如何进行公关营销？有何玄机？

营销 41：如何进行植入营销？有何玄机？

营销 42：如何进行标靶营销？有何玄机？

营销 43：如何进行会展营销？有何玄机？

营销 44：如何进行新闻营销？有何玄机？

营销 45：如何进行旅游营销？有何玄机？

营销 46：如何进行深度营销？有何玄机？

营销 47：如何进行横向营销？有何玄机？

营销 48：如何进行精准营销？有何玄机？

营销 49：如何进行分众营销？有何玄机？

营销 50：如何进行互动营销？有何玄机？

营销 51：如何进行合众营销？有何玄机？

营销 52：如何进行大众营销？有何玄机？

营销 53：如何进行关系营销？有何玄机？

营销 54：如何进行红色营销？有何玄机？

营销 55：如何进行阳光营销？有何玄机？

营销 56：如何进行对比营销？有何玄机？

营销 57：如何进行极限营销？有何玄机？

营销58：如何进行狼性营销？有何玄机？
营销59：如何进行协同营销？有何玄机？
营销60：如何进行亲情营销？有何玄机？
营销61：如何进行小众营销？有何玄机？
营销62：如何进行美女营销？有何玄机？
营销63：如何进行名人营销？有何玄机？
营销64：如何进行博客营销？有何玄机？
营销65：如何进行集成营销？有何玄机？
营销66：如何进行蜂鸣营销？有何玄机？
营销67：如何进行魅力营销？有何玄机？
营销68：如何进行爆破营销？有何玄机？
营销69：如何进行双核营销？有何玄机？
营销70：如何进行界面营销？有何玄机？
营销71：如何进行博弈营销？有何玄机？
营销72：如何进行柔性营销？有何玄机？
营销73：如何进行政治营销？有何玄机？
营销74：如何进行顾问营销？有何玄机？
营销75：如何进行错位营销？有何玄机？
营销76：如何进行精细营销？有何玄机？
营销77：如何进行一对一营销？有何玄机？
营销78：如何进行数据库营销？有何玄机？
营销79：如何进行节假日营销？有何玄机？
营销80：如何进行病毒性营销？有何玄机？
营销81：如何进行电子邮件营销？有何玄机？
营销82：如何进行搜索引擎营销？有何玄机？

一转身：

带着企业营销问题，进入《企业领袖三合营销智慧研讨会》，三合智慧团队将与你共同探讨符合你企业的营销方案。

行深一步：

企业领袖的一亩三分地又是什么呢？如何洞悉？如何耕耘？请进入第三讲《企业领袖三合健康智慧》，从不同的视角、不同的切入点解析三合智慧，以飨读者。

第二章
与地合

对于企业领袖而言，要做好的事情非常多，但有三件事是必须做好的，也就是企业领袖要耕耘的三分"地"，第一分地是身体健康，第二分是企业产品，第三分地是企业资本。

对于企业而言，与地合就是企业领袖必须修炼的扎根智慧，具体就是《企业领袖三合健康智慧》《企业领袖三合产品智慧》《企业领袖三合资本智慧》三大智慧。

第三讲
企业领袖三合健康智慧

对很多企业来说，企业领袖身体健康状况决定了企业的经营状况。企业领袖身体健康出了问题，企业也会不同程度地受到影响，甚至会因此而倒闭。所以，企业要良性运营，企业领袖的身体健康当然是最重要的事情。

每一年，总有一些企业领袖不幸离开……

问：企业领袖健康有何堪忧？

三合智慧解答：

据有关报道，企业家群体的身体健康状况堪忧。

堪忧一：企业家身体完全健康"凤毛麟角"

97.5%的企业家至少有一项体检指标异常，接近六成企业家有5项以上指标异常。骨质减少或疏松、颈椎病、高血压、高血脂、甲状腺异常、超重肥胖、脂肪肝，是

企业家群体高发的健康问题。

半数以上女企业家患有乳腺增生，半数以上男企业家患有前列腺疾病。

堪忧二：企业家群体并非"年富力强"

随着年龄的增加，检出异常的体检指标个数增多，这不难理解，年岁大，健康问题普遍增多。

但乳腺增生(女)、超重或肥胖、脂肪肝、屈光不正、慢性宫颈炎、转氨酶升高，这6大指标异常检出率在30~59岁的企业家群体里最高，呈现出明显的"中年危机"现象。

堪忧三：企业家群体呈现"阴盛阳衰"

除甲状腺、痔疮外，女性企业家体检指标异常检出率要整体低于男性。

半数以上女性企业家检出异常：骨质减少或疏松、颈椎病、乳腺增生、高血压、甲状腺疾病。半数以上男性企业家检出异常：骨质减少或疏松、高血压、颈椎病、高血脂、前列腺、超重、肥胖、脂肪肝。

堪忧四：企业家群体呈现"同病相怜"

企业家最易出现的前几大健康问题：颈椎病、骨质减少或疏松、高血压、高血脂，上海企业家与北京的情况相似。

企业家群体相对检出较高的疾病是甲状腺疾病、成都—幽门螺杆菌；福州—脂肪

肝、痔疮；深圳女性—乳腺增生；北京男性—前列腺疾病。

堪忧五：企业家群体呈现7个指标异常

从体检指标异常检出率来看，企业家在7个指标的异常检出率最高：骨质疏松/减少、高血压、高血脂、甲状腺疾病、慢性咽炎、痔疮、前列腺疾病。

问：企业领袖健康应该有怎样的健康思维？

三合智慧解答：

企业领袖应该有的五个健康思维：

思维一：立即反省并树立正确的健康和财富价值观

关注企业家健康问题，最重要的是企业家要重视自己的健康，切莫取财富而舍健康。

诚然，我们要有"事业辉煌"的雄心，但我们绝不能重蹈先逝勇者的覆辙；我们要做商海怒潮中的"水手"，但我们绝不能成为拼命旋转的陀螺；我们要做职场上的赢家，但我们绝不能成为健康方面的输家。

思维二：不再只追求事业而透支健康

一桩生意黄了，我们还可以东山再起，从头再来一场。战斗输了，我们还可以重整旗鼓，卷土重来。但是，一旦健康没了，我们还能拿什么再来？

我们不能只关注健康而荒废事业，同样，我们也不能只追求事业而透支健康。

如果将健康假设为1，事业、财富、荣誉、朋友等都假设为1后面的0，当然，后面的0越多越好，但如果没有了前面的1，后面再多的0连起来也还是0。

从这个意义上讲，健康才是企业家最大的财富。

由于对健康的忽视，他们过早地透支了身体乃至生命，最终是"钱还在，人却没了"。世事无常，生命有限。

"原来在癌症面前，人人平等。"李开复在查出癌症后，开始冷静反思，他在微博中说：在以往的职业生涯里，我一直笃信"付出总有回报"的信念，所以给自己的负荷一直比较重，甚至坚持每天努力挤出3小时时间工作，还曾天真地和人比赛"谁的睡眠更少""谁能在凌晨里及时回复邮件"……努力把"拼命"作为自己的一个标签。现在，冷静下来反思，这种以健康为代价的坚持，不一定是对的。

思维三：企业家是工作上的强者却是健康上的弱势群体

近年来，企业家的身体像是被施了魔咒。

越来越多的企业家英年早逝，如百事通COO吴征、均瑶集团创始人王均瑶、网易代理首席执行官孙德棣……他们是当今世界上最累的企业领导者，他们在创造巨大财富的同时也承担了巨大的社会竞争压力，然而，即便他们有条件享受优越的医疗条件，也难阻病魔的靠近。

在外来环境与内在精神压力的双重压力下，许多企业家患癌的概率不断攀升，企业经营对精力的巨大透支，导致他们在精力、体力上不济，其实，这些都会给身体带来巨大的健康风险。

企业家外表光鲜让人羡，但在健康问题上，却是不折不扣的弱势群体。

思维四：企业家成慢性病高危人群，有钱未必能任性

长期以来，各类疾病威胁着企业家的健康，他们是慢性疾病的高危人群，97.5%的企业家至少有一项体检指标异常，接近六成的企业家有五项以上指标异常，其中，心脑血管疾病、高血压、糖尿病、肥胖是困扰众多企业家的常见慢性病之一。

此时，真心感叹一句：在疾病面前，有钱也未必能任性！人人都享有健康平等的权利，每个人都要对自己的健康负责，就如无权糟蹋粮食一样，企业家也无权糟蹋自己的健康。

思维五：立即重视企业家健康并掌握健康智慧

不管你的事业有多大，不管你的身体有多棒，不管你的自信有多满，不管你的辉

煌有多强，这些优点对于一名优秀的企业家来说已经足够多了。

但是你一定要记住一条："重视健康，保护未来"。

相信在企业家自己和社会各界的共同关心下，我们的企业家健康问题可望缓解。

总之，企业家的健康管理是一项系统工程，与社会环境、企业家自身等都有密切关系。作为企业家，应该长远、全面地考虑企业的发展和自身的健康成长，实施健康管理工程，构建健康的企业家健康管理生态系统。

健康管理的主要内容是一个闭合的环，这是一个循环往复的过程，从体检(健康状况的信息采集)等来发现健康危险因素，进入到健康状况的评测，根据健康状况制订健康管理计划，对自身的健康进行一些个性化的促进和行为干预，咨询指导。

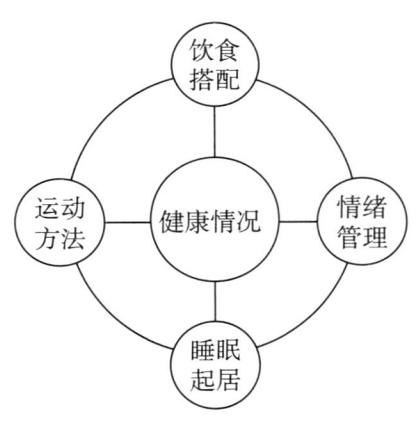

如果确实还存在危险因素，或者已经患病，我们就提供医疗建议、就医服务。

而健康管理的核心则是干预，干预是要干预可控因素，非常重要，其中包括：合理的膳食、适量的运动、戒烟、适量饮酒、心理调整等内容。

问：国宴都吃什么？有何玄机？

三合智慧解答：

2014年庆祝新中国成立65周年之际，国家层面共举办了三场招待会，分别是9月28日举行的外国专家招待会，9月29日全国政协办公厅等部门举行的招待会，以及9月30日举行的国务院招待会。这三场国庆招待会的地点都设在人民大会堂宴会厅，故都被受邀嘉宾称为"国宴"。

关于国宴，民间流传的说法有很多。

外交部礼宾司原代司长鲁培新在接受媒体采访时表示，国宴菜通常以淮扬菜为基准，汇集各地方菜系整理、改良而成，特点是清淡可口，软烂嫩滑，能够满足国内外大多来宾的要求。

鲁培新说，近年国宴菜进行改革，以减少开支，菜单不超过三菜一汤，其中狮子头、佛跳墙及三宝鸭等为国宴菜的代表菜。

国务院举行的国庆招待会上，也有媒体记者曝光了菜单：冷盘有四样，分别是莲藕、芹菜、鸡肉、鱼柳，简单清爽。四道热菜则分别是珍菌海鲜、酱烧牛排、清炒芥兰和煎烤三文鱼，荤素搭配。除了饭菜，酒水也有说法。

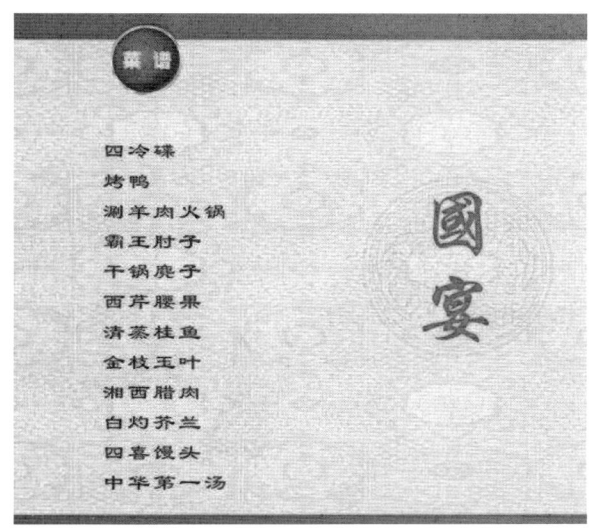

从1984年开始，有关部门就规定，国宴不再使用烈性酒，取而代之的是葡萄酒。一般国宴餐桌上摆放的多是国产的干红或者干白葡萄酒。

寻常食材招待外宾

近年来，我国举办了许多大型的国际会议或活动，那么主办方会用哪些美食来招待国外贵宾呢？

且看菜单——

2008年北京奥运会欢迎午宴

主菜：宫灯拼盘、荷香牛排、鸟巢鲜蔬、浆汁鳕鱼

汤：瓜盅松茸汤

小吃：北京烤鸭

2010年上海世博会开幕式欢迎宴会

主菜：荠菜塘鲤鱼、墨鱼籽花虾、春笋相豆苗、一品雪花牛

点心：上海馄饨

2014年亚信峰会欢迎晚宴

主菜：双味生虾球、煎焖雪花牛、夏果炒鲜带、豉香比目鱼、丝瓜青豆瓣

汤：松茸炖花胶

2014年南京青奥会欢迎晚宴

主菜：雀巢爆羊柳、香炸大明虾、黑椒煎牛排、香烤银鳕鱼、白灼翠芥兰

汤：金陵四宝汤

不难发现，国宴菜单上并没有罕见、昂贵的食材，大部分都是寻常百姓餐桌上常见的。

但是菜品讲究文化、意境以及中西合璧。

菜式虽简朴却深有文化内涵，弘扬和传递了我国优秀的文化和民族风情。

国宴采用当地简单绿色食材，如牛肉、深海鱼类、菌类、芋头、丝瓜等，在考究的烹饪中体现了非凡的技术含量，饭菜简朴不代表"礼轻情不重"，传递出勤俭节约的信号。

没有山珍海味、玉盘珍馐，普通食材独具匠心，不仅达到了欢迎四海宾朋的礼宾效果，还向世人展示了中华民族自信、大气、勤俭、务实的良好形象。

国宴如此，企业家的宴请也应该节俭，厉行节约、反对浪费，一直是我们的优良传统。

问：首长们都吃什么？有何玄机？

三合智慧解答：

在我们大家的眼中应该很好奇国家领导人每天都吃什么，什么样的膳食才吃得合理、吃得健康。

这些问题似乎离我们很远，现就这个问题和大家一起看一下国家领导人膳食中

的合理健康。

中国营养学泰斗，从事营养工作60多年的原北京军区总医院营养科主任李瑞芬对中央领导人的饮食保健进行了解密。

早上：半杯牛奶，一盘小菜（凉拌海带丝、胡萝卜丝、青椒丝），一个小麻酱咸花卷，一小碗小米粥或莲子羹。

中午：什锦砂锅（里面放十种以上的食物），一两左右的红豆焖饭或薏米饭。

晚上：氽萝卜丝鲫鱼丸子，小米粥。此外，还会额外加些水果或酸奶等零食。

专家称：首长们吃"四条腿动物"的肉比较少，从营养上来说，"四条腿（猪、牛、羊）的不如两条腿的（鸡、鹅），两条腿的不如一条腿的（菌类），一条腿的不如没有腿的（鱼）。

两餐之间要加小食

"少食多餐"一直是被人们推崇的健康饮食理念，老首长们也不例外。他们除一顿正餐吃到七分饱外，还会在上午十点左右和下午三点左右补充一些零食。

例如，上午吃一小碗银耳莲子羹或麦麸，下午则喝半杯酸奶，吃上几颗坚果。

坚果含有丰富的蛋白质，对癌症、心脑血管病都有不错的预防作用。

烹饪方法以蒸、煮、焖、拌、氽为主

选择这些烹饪方法自然是为了减少营养流失，保证低脂饮食。首长们的食谱中也并非完全没有炸和炒。

他们每星期也能吃上一次，毕竟这样做出来的菜还是好吃。

当然，不管何种烹饪方法，低盐、低脂、高膳食纤维都是食谱中必须遵守的原则。

多吃健脑、养心食物

由于脑力消耗较大，老首长的食谱中有不少健脑、养心的食物。如豆类、杏仁、芝麻、核桃、葡萄酒等。

尤其是杏仁，它富含维生素E、镁等元素和有益于心脏的单不饱和脂肪酸。

问：企业领袖的健康饮食有何玄机？

三合智慧解答：

玄机一：营养充足膳食均衡

保证健康首先必须注意营养，营养要充足就要讲究食物的搭配。

早在2000多年前的《黄帝内经》中就提出：五谷为养，五果为助，五畜为益，五菜为充，气味合而服之，以补益精气。

此五者，有辛酸甘苦咸，各有所利。五谷杂粮主要的营养成分是碳水化合物，其次是植物蛋白质，最能养五脏之真气。

而水果含有丰富的维生素、无机盐和纤维素，能辅助"五谷""五畜"，使人体获得更全面的营养。

五畜如肉奶蛋最为补人，能滋养人体精血。

补充人体必需的氨基酸，与主食相辅，更能促进人体健康。蔬菜含有的水分多、维生素多，特别是纤维素多。

综合来说，谷物水果蔬菜以及肉奶禽蛋的巧妙搭配最有营养，对健康最有益。

玄机二：根据体质类型养生要引强济弱

人的体质大致可划分为平和质、气虚质、阳虚质、阴虚质、痰湿质、湿热质、瘀血质、气郁质、特禀质9种基本类型。

特禀质以生理缺陷、过敏反应等为主要特征，调理应注意重益气固表，养血消风。

饮食宜清淡，避免食用各种致敏食物，以减少发作机会。

玄机三：懂得食疗药膳护身保健

"食疗"和"药膳"可能会被人们混淆，"食疗"是研究养身保健、防病治病、延年益寿的，是不加药物的饮食；"药膳"是食物加药物，但它又不是食物与中药的简单相加，而是在中医辨证配膳理论指导下，由药物、食物和调料三者精制而成的一种既有药物功效，又有食品美味，用于防病治病、强身益寿的特殊食品。

有些疾病不吃药也是可以治疗的，只要合理而科学地进行食疗或选用药膳，就会起到事半功倍的效果。

问：何为健康运动？有何玄机？

三合智慧解答：

人人都希望自己身体好、能长寿、生活质量高，人人都知道身体需要经常锻炼，可是，在这个节奏越来越快、事务越来越多的社会，人们往往白天埋头于工作，到了晚上或周末，为了放松心情，选择泡吧、"葛优躺"、做网虫，或是垒长城……总之，要想抽出时间来运动，实在是难。

运动是人类健康生存的第二命脉，是让人体处于健康状态，得以正常工作和生活的基本保证。

所以，我们万万不能忽视运动。那么，怎样才是正确的运动呢？

现代人要想身体健康，运动是日常生活中必需的一项。

运动，让身体找到快乐，让精神找到放松，是现代人高质量生活的基础。

一切运动和锻炼，都要以适合自己为前提。

如果不顾客观原因和身体状况盲目地运动和锻炼，就会适得其反，甚至危害健康。

世界卫生组织曾对健康做了这样的定义："健康，并不是对身体的'病'和'弱'的否定，而是身体上、精神上和社会上的良好状态的总称。"

问：各国元首有哪些健身爱好？

三合智慧解答：

与体育健儿和广大民众一样，很多国家的元首、领导人也十分热衷于锻炼和健身，而且，他们各自有一些很独特、很管用的绝招。

布莱尔：体育健将，喜爱球类

英国首相布莱尔一直是一名活跃的"体育健将"。中学时代，他就是非常出色的校橄榄球队队员，还当过校板球队队长，之后又对篮球和网球颇感兴趣。

当上首相后，虽然工作繁忙，但布莱尔仍然会定期游泳、打网球、上健身房。

平时，一到周末，布莱尔夫妇就会带着四个孩子到伦敦郊外的一座古堡，呼吸乡野的清新空气。

很多时候，布莱尔一家还会同保镖们拉开架势，来一场别开生面的"家庭足球大赛"。

如此注重锻炼，难怪布莱尔自豪地表示，他现在的身材跟大学刚毕业时一样标准。

普京：柔道高手，热衷于滑雪

俄罗斯总统普京的健身办法非常与众不同，他的最爱是柔道。普京从11岁开始学习摔跤，后来又对柔道产生了浓厚的兴趣，曾多次获得圣彼得堡市柔道冠军。

普京说："当我和别人练习柔道时，感觉好像是和自己的亲人在一起。"

访问日本时，他还特意和日本的柔道高手切磋了技艺。

2000年，普京还与人合作出版了一本书，书名为《柔道：历史理论与实践》。

当然，普京在日常生活中也相当注重锻炼和健身。

据他透露，每天早上起床后，他都要做30分钟的体操，然后游泳20分钟，晚上下班后也会设法抽出一个半小时来健身。

同时，普京还热衷于滑雪运动，并且水平挺高。

卡斯特罗：痴迷篮球，喜欢潜水

古巴领导人卡斯特罗也是一个体育迷，喜欢很多种体育运动，不过，最让他着迷的是篮球。

大学时代，他不但白天不停地练习投篮，还努力说服学校管理人员晚上打开篮球场的灯，专门让他一个人练。

后来，卡斯特罗成了一国之尊，仍然不改对篮球的"痴情"，还经常即兴冲进在

街上玩篮球的孩子们中间,开心地露上一手。

此外,卡斯特罗年轻时还酷爱棒球运动,同时又是一个钓鱼迷,曾创下不到4小时钓鱼184千克的纪录。

他还不时戴上氧气面罩,潜到18米深的海底来一番锻炼。

布什:坚持跑步,常常骑车

在美国总统布什的健身绝招中,多跑步是很重要的一项。

只要条件允许,布什一般都要在健身房利用健身器材、跑步机等进行锻炼,他进行的重量训练包括坐姿推举、扩胸与扩背运动。布什对跑步的热爱可谓少见,哪怕只有一点点空闲时间,他也要用在跑步上。

美国媒体形容说,布什简直是走到哪里就跑到哪里,白宫顶楼的健身房里,美国最豪华宾馆的总统套房内以及戴维营的林间小道上,都有他跑步健身的影子。

另外,布什对骑车的兴致也很浓,几乎每周都要专门进行骑车运动。不过,他不够小心,曾经不止一次从山地车上不慎跌下,成为媒体热门报道的话题。

施罗德:打打网球,海边度假

德国总理施罗德身材不算高,体重可不比那些身材富态者逊色。但事实上,施罗德也很喜欢运动,他对打网球情有独钟,经常会抽空打打。

除此之外,他还会找时间看看电视转播的足球赛。

据悉,年轻时,施罗德也曾在绿茵场上显过身手。

平时,他喜欢听流行音乐,看现代艺术展,还常常读书。休闲的时候,他还经常去海边度假。

霍华德：每天散步，劳逸结合

约翰·霍华德被誉为澳大利亚政坛罕见的"常青树"。

自从1974年先后当选新南威尔士州自由党议员和联邦众议员后，霍华德在政坛角逐近30年仍屹立不倒。

值得一提的是，霍华德的身体状况一直相当不错，每天必定坚持散步。

即使是过生日和周末，霍华德也依然和往常一样，早晨7时30分左右就穿着喜欢的"袋鼠"牌运动套装，从他的住所出发，沿着海边散步35分钟。

谈到自己的健身"秘诀"，霍华德表示，饮食有规律，不要把公务行程安排得太紧张很重要。

他说："许多政治家就是因为这两个方面处理不好，经常患溃疡，搞坏了身体，他们总是不准时吃饭，或者为了赶飞机而疲于奔命。"

问：企业领袖健身运动有哪些玄机？

三合智慧解答：

在工作压力和亚健康的威胁下，不少企业家开始重视养生和锻炼，如柳传志逼自己锻炼，马云、郭广昌喜欢打太极，王石、黄怒波喜欢爬山等。

没有一个健康的身体，承担千变万化的商务压力可能会吃不消。身体不是"机器"，是会"磨损"的，尤其是中年以后，身体机能开始慢慢地衰退，身体"垃圾"也会渐渐地增多。

如果不注意保养，日积月累，有些器官功能就会出现问题，如冠心病、高血压等毛病就会不期而至。

运动在于锻炼，锻炼贵在坚持，坚持就是胜。企业家是社会的宝贵财富。

企业家们自身注重健康，利用高科技的医学手段为自己服务，从而达到为社会创造更多财富，同时也能保护自己健康之目的。避免企业家早逝，还是可以做到的。

送给企业家们一句忠告：运动是良方，无病要体检，有病要早治，健康消费好，身心要放松，心态要宽松，健身运动有如下四个玄机。

玄机一：养成良好的运动习惯

养成好的运动习惯，自然能够更好地促进自己的身体健康。这意味着你会有更好的体能和精力，你将能够更从容地进行社交活动，更有精力地应付事业和生活上的各种挑战，以更健康的身体和心态来生活，意味着你的人生可以变得更加充实、丰富和美好！

玄机二：运动要结合自身实际，适量进行

生活中我们常说要"多运动"。

事实上，运动并不是越多越好，运动的科学性在于适量。

对于一般人来说，运动太少或者过度都是有害的。

有的人听专家说："每天必须走一万步"，结果三个月后住院了，因运动量过大导致膝盖积水。

全球每年举办的马拉松比赛有数十场，几乎每场都会有人因承受不了这样高强度的运动而死亡或受伤。

而在日常生活中，因过度运动致病、致死的人也很多。

每个人体质不同，一定要根据自己的体质、身体状况决定运动量，运动必须个性化，结合自身实际，运动不当，反而会导致健康受到危害。

玄机三：运动要循序渐进

运动是一个循序渐进的过程，那种平时不运动，心血来潮时运动一下子，或者突然进行剧烈运动的人，运动是起不到任何健康作用的，甚至非常危险，应予以避免。

玄机四：运动要因地制宜

最佳的运动健身环境是空气新鲜、阳光充足和安静幽雅之处。

因此，选择户外运动健身项目应为首选，又因生活方式、工作环境的限制，卧室、阳台、办公室等狭小区域也可选择健身操、床上八段锦、提肛运动、家庭成员交谊舞及开怀大笑等运动来健身。

另外，要注意气候和季节的变化，在不同的气候和季节里，选择运动项目就须做相应的调整，如散步、游泳、登山、钓鱼、瑜伽、舞蹈、武术、太极、棋类活动、球类活动等。

问：何为健康心态？

三合智慧解答：

良好的心态，可以让人处于愉悦之中，身心轻松，自然健康。
不同的心态，决定了一个人不同的寿命和生存质量。
心态不好的人，不可能比心态好的人长寿，寿命即便不长，但是也要健康快乐。
吃穿用不攀比，名利面不强求，顺其自然，得其天然，心生喜悦，身必康健。
乔·吉拉德说："我要微笑着面对整个世界，当我微笑的时候全世界都在对我笑。"
人们总是追求健壮的身躯，实际上，心理的健康会给人更大的长寿潜能，当你每天早晨醒来都心情愉快地期盼着一整天的生活时，你就离长寿不远了。

问：企业领袖应该具备怎样的良好心态？

三合智慧解答：

长寿一：境由心造

在两个人面前，各放着半块面包。
一个人看了以后，心想："我还有半块面包。"另一个人看了之后，心想："我只有半块面包了。"

对待同样的半块面包，为什么两个人的态度会截然不同呢？这主要是心态在起作用。

乐观者从半块面包中得到的是满足，看到的是希望；而悲观者从半块面包中得到的是不满，看到的是绝望。

这恰好印证了"境由心造"的道理。

不同的心态造就不同的境遇。

如果用乐观的态度去看待世界上的事情，那么即使是挫折抑或是苦难，也能从中找到乐观的理由，进而化解挫折与苦难。

尤利乌斯用2马克买的一注彩票，却中了50万马克。他用这50万马克买了一幢豪华的别墅，并添置了许多高档的家具。想不到这一切在他的一个烟头中化为灰烬。

朋友们都来安慰他，但他却说："我只不过损失了2马克。"

正是他的乐观心态化解了50万马克家产损失的巨大痛苦。

这样，尤利乌斯注定终生会与快乐为伍。

如果你用悲观的心态去看世界上的事情，那么，即使是很小的挫折与痛苦，你也会觉得它是天大的灾难，由此背上沉重的思想包袱。

中国古代有一个国家叫杞国，这个国家的人总担心有一天天会塌下来，一整天地提心吊胆，惶惶不可终日。

于是后人流传下来一句话："杞国无事忧天倾。"

后来又由此造出了"杞人忧天"的成语。

杞国人为什么会担心天塌下来?

就是因为他们是用消极悲观的心态去看世界,这样,世界在他们的心目中就会变得越来越坏,越来越不可收拾。

据一份调查显示,大多数精神疾病患者都是由于自寻烦恼,把很小的挫折和点滴的痛苦想象成了巨大的灾难,因而感到心理难以承受所致。

"境由心造",事在人为。

让我们用积极乐观的心态去对待生活吧!

这样,在生活这个广阔的原野上,你收获的将是幸福和快乐。

长寿二:健康心态点亮人生

三国时期,周瑜发出过这样的感慨:既生瑜,何生亮?

周瑜被气得吐血三次,将死之时竟还无法摆脱嫉妒的心理,惜也惜也,如此之英才却因心胸狭隘而死,心态如此之重要,可见每个人都应该把握好自身的航标,控制好心态才能更好地实现自身的价值。

生活是泥泞,是沼泽,令人痛苦不堪;生活又是一首诗,一幅画,让人快乐似神仙,而这一切关键看你的心态——健康的心态。

人生就犹如一条不知尽头的路,这条路上充满了坎坷,充满了黑暗,充满了孤独。而健康的心态就犹如一盏长久不熄的灯,永远点亮我们的人生。

它让我们能够轻松地越过坎坷,让我们能够在黑暗来临之际保存一丝光辉,能够在孤独之时感到温馨。

问：企业领袖应有怎样的健康心态？

三合智慧解答：

如何不为小事斤斤计较？如何从焦虑不堪中解脱？如何从嫉妒怨恨中放下？如何从悲观绝望中重生？如何遇事不惊不变、从容淡定？企业领袖健康应该具备如下五大心态：

心态一：要有"平和、温暖、有力、向上"的阳光心态

在现实生活中,无论是个人还是企业都难免遭遇风雨波折,但如果心中有不灭的阳光,即使风雨也能折射出绚丽的彩虹,就让我们的内心多一些阳光少一点阴霾吧！

心态二：企业如舟,员工如水,尽可能地让员工满意

企业家要具备管理情绪的能力,要知道别人的情绪,又要管理别人的情绪；要知道自己的情绪、又要管理自己的情绪。

例如,有些老板克扣工资,只让自己情绪愉快,而员工的内心却被乌云笼罩,这样就导致了管理氛围的不和谐。

如果企业家有了阳光心态,就会知道企业如舟,员工如水,水能载舟亦能覆舟,所以他要尽可能地让员工满意,以支撑企业的运转。

心态三:履行社会责任和商业利益并不冲突,企业家的归宿是慈善家

企业要能生产出为顾客带来价值的商品,以公众信赖的方式做事情,企业要成为员工工作的好场所,并为投资人带来回报。

企业的社会责任是对员工负责,对消费者负责,对股东负责,对社会负责,所以在很多时候企业履行社会责任就是一种慈善事业。

一个人的钱适当的时候是自己的,多了以后就是别人的,一个企业家最终会走向慈善家。

因为企业家为了让企业运转得更好,首先要照顾好和自己干活的兄弟们,这本身就是慈善事业。

心态四：企业家要有宠辱不惊的平和心态

人的一生，有如簇簇繁花，既有红火耀眼之时，又有暗淡萧条之日。

面对成功或荣誉，不狂喜，不盛气凌人，把功名利禄看轻些，面对挫折或失败看淡些，也不会一蹶不振，只要奋斗了，拼搏了，就可以无愧地对自己说："天空不留下我的痕迹，但我已飞过。"

在信息化时代，企业家只有保持平和的心态，才能从喧嚣中获得宁静，做到不诱于誉，不恐于诽，宠辱不惊，泰然处之。

心态五：要有饮水思源的感恩、豁达心态

要常怀感恩之心，时刻想到以知足的心态去体察和珍惜身边的人和事，从而使自己博爱而善良，敬业而忠诚，富有责任感和使命感，在自己与社会、他人之间创造一种友善氛围。

眼下，有一个新的提法叫"快乐工作，快乐服务"。就是在紧张的工作和繁忙的服务当中，感悟快乐。这是培养良好的健康心态的过程。

和谐始于内心，和谐离不开豁达。豁达是和谐的内在元素、外在表现。

内心不豁达，身心难和谐，内心不和谐，行为难豁达。

豁达，能化解矛盾，消除隔阂，获得理解和支持。

问：目前企业领袖有哪些紧急重大的健康隐患？如何应对？

三合智慧解答：

企业领袖面临哪些健康隐患和威胁？这些隐患的原因是什么？危害又何在？怎样才是科学的防治方法？分析如下：

隐患1：脂肪肝
核心原因：喝酒多，运动少。
高发年龄：35~60岁。
病因分析：
企业领袖们应酬多，免不了喝酒。

尽管也知道多喝酒的危害，但应酬时不喝可能会上升到"面子问题"的高度，不少老板都是咬牙硬灌，宁可事后吃解酒药，也不能伤了面子，结果酒精性脂肪肝便"诞生"了。

肝脏是对乙醇最敏感的器官，连续过量饮酒会损伤肝细胞，干扰肝脏的正常代谢。

肝脏"发福"与人们长期过量饮酒，高脂肪、高蛋白食物及甜食摄入增多以及体力活动大幅减少等不良生活方式密切相关。

同时，肝脏是个沉默的器官，早期脂肪肝不痛也不痒，有些人被诊断患上脂肪肝，不过是"一笑而过"，觉得就是肝脏里多点脂肪，没多大事儿。

很多人都低估了脂肪肝的"杀伤力"，肝细胞里肥油多了会使肝脏变得很敏感，身体易疲劳、感冒、发烧、腹泻，哪怕是小小的一点刺激，都可能使脆弱敏感的脂肪肝受到重创，发生肝功能损害，而脂肪肝—脂肪性肝炎—肝硬化—肝癌，这是脂肪肝病情发展的四部曲。

隐患2：糖尿病
脂肪肝还会与高血压、糖尿病、血脂异常等"狼狈为奸"，不仅导致肝硬化，还会引起冠心病、中风等心脑血管病。

专家建议：

做个糖耐量检查：如果查出了脂肪肝，别忘了同时做个糖耐量检查，因为脂肪肝可以预测将来是否会发生糖尿病。

据调查，在上海无糖尿病史的脂肪肝人群中，糖代谢异常者高达50%，各种糖尿病前期状态达35.5%，新诊断糖尿病者达14.5%，有脂肪肝的人已经成为2型糖尿病的后备军。

饮食上采取"4+1"方案：每天摄取400克米饭等主食，300克水果和蔬菜，200克奶制品，100克禽肉蛋类，少量油盐酱醋等调味料。

3∶5∶7运动法：每天应进行30分钟走3000米的中等运动量的运动，一周进行5次锻炼，运动后心率一般为170－年龄。

隐患3：颈椎病

核心原因：长时间使用电脑、手机。

高发年龄：年轻患者越来越多。

病因分析：

过去要花费半天手写的文稿，现在用电脑键盘一两个小时就敲出来了。有了这么好的办公助手，怪不得越来越多的领导干部往电脑前一坐就是半天。

但是，电脑是把双刃剑，在提高工作效率的同时，视力下降、脖子僵硬、肩背酸疼等健康问题也随之而来。

得了颈椎病，很多人总觉得脖子酸麻、胀痛、僵硬，但又认为挺一挺、忍一忍就过去了。长时间椎间盘挤压血管和神经，可能会导致心肌梗死、瘫痪等不幸事件的发生。

专家建议：

一个小闹钟就能护好颈椎：买个小闹钟放在办公桌上，让它每隔一小时闹一次。你就停下手头的工作，转转头，耸耸肩，用手揉揉脖子，只需要半分钟就好。效果远比埋头苦干三四个小时后才起来活动十分钟强。

八成患者可用保守疗法：患者可以买个颈围领保护，服用一些活血化瘀的中药，按摩和牵引则需到专科医院。通常只是两种情况需手术，少数症状较重的神经根型颈椎病和多数脊髓型颈椎病。

隐患4：偏头痛

核心原因：过于忙碌、忽视家庭。

高发年龄：18~65岁，以女性为主。

病因分析：

谁都想每天下班，和家人热热闹闹围坐在一起吃饭，孩子说说学校的趣事，两口子谈谈工作中的烦心事，然后一块出去溜弯儿，沏杯香茶喝一喝，但这种温馨美好的家庭生活对多数企业领导却成了镜花水月。"没时间，太忙"，赶上回家早，"温馨画面"刚一展开，工作的电话就响了，不得不中断画面，继续回到繁重的工作中去，长此以往，一提工作，领导干部脱口两个字往往是"头疼"。

在企业领袖中，偏头痛往往属于紧张型，也就是工作压力大、思想负担过重导致的。一般来说，工作过于忙碌、遇事着急、睡眠不足、家庭矛盾等都是产生紧张型头痛的原因。

忽视家人，尽管不是刻意的，但对家庭关系间接带来的"慢损伤"辐射的威力可不小。中年夫妻本来就处在"审美疲劳"的边缘，如果一天也说不上几句话，沟通交流非常少，感情肯定就会像"左手摸右手"一样，而且"话聊"本身就是一个压力释放的过程，如果你的烦恼连和家人都无法诉说，压力能不大吗？

压力越来越多却又无处释放，最终的结果，只能是头疼的事情越来越多，偏头痛的发生率也越来越高。

专家建议：

用药应征求专家意见。很多企业领袖都认为"头痛不是病"，一旦发病，就草草地找些止痛片来缓解疼痛。事实上，用药前应该咨询专家，不能"自我药疗"。

由于偏头痛分功能性和器质性两种，所以到医院进行相关检查后，才能及时发现病变。

偏头痛的初期或刚感觉隐痛时，最好选择服用含咖啡麦角胺的镇痛药，如麦咖片，每次服用2片。如果头痛症状没有缓解，可在半小时后加服1~2片，但每日服药量不要超过6片。

如果偏头痛每月发作2～3次，可长期采用药物预防。推荐用药是西比林、氟桂利嗪，每晚服用5毫克；或是普萘洛尔每日30～120毫克；也可以服用硝苯地平每日30毫克、尼莫地平每日90毫克。

隐患5：血脂高

核心原因：饮食不节制、吃太油腻。

高发年龄：男45岁以上、女55岁以上。

病因分析：

身负重任的企业领袖，往往都没法按时吃饭，好不容易吃上饭了，又往往是到餐馆酒店里应酬，不用说，肯定是荤菜居多，素菜和粗粮则在餐桌上难觅踪迹，一顿饭常常会吃掉不少大鱼大肉，再加上交杯换盏，最后"将军肚"起来了，血脂也异常了。

从表面上看，胖人容易血脂高，很多偏瘦的人在拿到"高血脂"的诊断后十分不解——"我咋也得这个病"？

其实，高血脂并不是胖子的专利，任何有不良生活习惯的人都是高危人群，如经常食用肥肉、动物内脏等，以及缺少运动、肥胖、大量饮酒等，都会使血液中的脂肪无法消耗，最终导致高血脂的发生。

很多高血脂患者认为：少吃肉就能控制血脂。实际上，高血脂患者要忌的不是肉，而是油。油脂摄入量长期超标，才是导致高血脂等慢性病发病的主要原因。

所以，建议高血脂患者改变饮食习惯，最好选用有利于人体健康的煮、蒸、炖、煲、凉拌等烹调方式，少用煎、炸、炒等用油多的烹调方式。

专家建议：

睑黄瘤是危险信号，睑黄瘤被形象地称为"胆固醇痣"，是胆固醇偏高的一个重要标记。胆固醇痣是指眼睑（俗称眼皮）上长出淡黄色的小皮疹，刚开始时为米粒大小，略高出皮肤，严重时会弥漫整个眼睑。

早晨喝碗燕麦粥：燕麦富含欧米伽—3脂肪酸、叶酸和钾，可以降低血液中的"坏胆固醇"（低密度脂蛋白胆固醇），有助于清理动脉血管。

血脂高的人，建议早上吃一碗热气腾腾的麦片粥。还可选择"一碗麦片＋一根香蕉"的吃法，可多摄入纤维。速溶型麦片所含膳食纤维少，选择粗糙型麦片较好。

隐患6：冠心病

核心原因：爱着急，不爱抬脚。

高发年龄：40岁以后。

病因分析：

企业领袖们常常要处理公务，免不了会着急，心里的弦也常常绷得紧紧的。

同时，有了汽车，不用抬脚就能出行；有了电梯，不用抬脚就能上楼。代步工具多了，要走的路越来越少了，但是饮食的油脂不少，体内的油脂更不少。

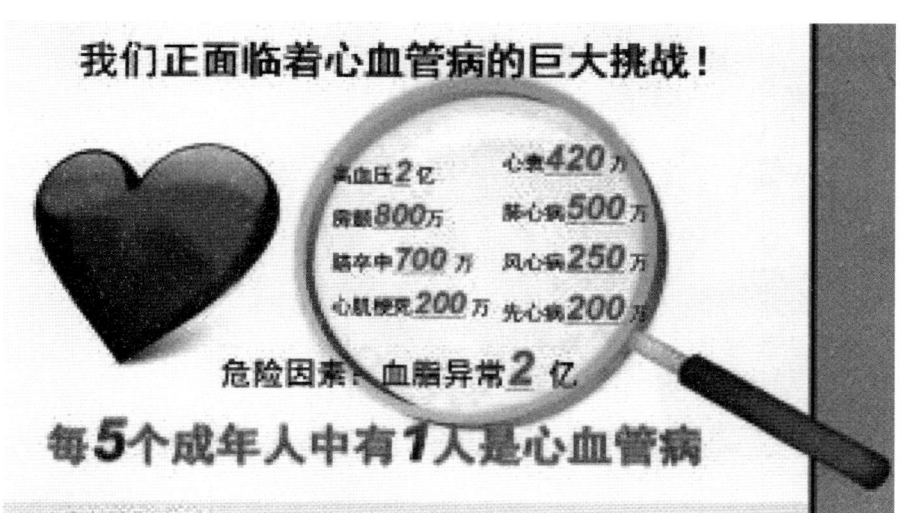

企业领袖最累"心",本来心脏承受的压力就大,再加上运动又少,越来越多的油脂分子蹭着血管壁不想走,天长日久油脂层就会越来越厚,使本不宽敞的血管变得更拥挤,一旦在给心脏供血的冠状动脉管壁上形成粥样斑块,很可能离冠心病就不远了。

专家建议:

腿麻、抽筋要警惕:如果在活动后总是出现腿麻、抽筋等症状,就要警惕冠心病的可能。因为如果下肢血管狭窄或是硬化,活动后往往会出现肢体供血不足。

建议最好先到医院通过超声波等一系列检查,为冠状动脉等心脏几根主要的血管进行一下"体检",以排查是否有血管狭窄、堵塞、硬化的情况。

术后用药遵医嘱:不少冠心病患者做了支架手术后用中药熬汤来大补,专家提醒说,患者出院后一般会继续服用阿司匹林、氯吡格雷等药物进行抗血小板治疗,这时如果再服用活血化瘀的中药,很容易引起出血,增加治疗的难度。

建议手术后要定期复查,植入支架1个月后需空腹到医院进行1次血液检查,以后每3个月检查1次。

此外,患者平时应适当做一些有氧运动,如慢跑、散步、打太极拳等,1周进行5次,每次不少于30分钟。

患者在家也可通过数脉搏自行监测运动的效果。运动后,一般心跳应在"170-年龄"的范围内。

隐患7:血糖高

核心原因:热量超标,运动不达标。

高发年龄:40岁以上。

病因分析:

吃饭不"挑食",吃完饭就坐着。不少企业领袖经常在外就餐,如果不挑挑食,恐怕吃到肚子里的很多都是油炸、高热量的食物,也就是营养专家常说的"垃圾食品"。

俗话说,吃多少饭,干多少活儿。可当领导的往往是脑力运动多,肢体运动少。吃进去的食物又都是高热量的,而热量每增加一分,血糖就会上升一些,这样热量也就越来越多,在不能被人体转化成能量的时候就开始囤积脂肪了，血糖也就会随之一路上升。

因此，当您有了"水桶腰"的时候，糖尿病也就离您不远了。

专家建议：

卫生部首席健康教育专家、著名糖尿病治疗专家向红丁：

经常量量自己的腰围：预防糖尿病，大家应该经常量量自己的腰围，如果裤腰带越长，表明肚子越大，腹部的脂肪也就越多。

所以，要控制自己的体重先要从量腰围开始，男性一般是二尺六(87厘米)，不超过二尺八(93厘米)；女性一般是二尺四(79厘米)，不超过二尺六(87厘米)。

点菜时"亮明身份"：在点菜时最好声明自己患有糖尿病，这样不仅会得到照顾，还能多选几样清蒸、水煮、凉拌的菜。

空腹饮酒会导致服用促泌剂或使用过胰岛素的患者发生低血糖，因而饮酒时应同时进食。

不要觉得瘦肉是蛋白质，饭是糖，而在酒宴上只吃瘦肉，不吃主食。其实瘦肉到体内也能转变成糖，提供脂肪。

降糖要和减肥一起进行：在糖尿病患者中，肥胖的人越来越多。以往的治疗中，只强调降糖而较少强调减肥。近年北京市开展的一项课题显示，初诊病人肥胖与超重者占68.8%，其中腹型肥胖者占肥胖总数的72.1%。

隐患8：血压高

核心原因：吃盐多，情绪易紧张。

高发年龄：40岁以上。

病因分析：

吃菜总怕味不够，放盐总要多半勺。每天只吃一啤酒盖的盐，这恐怕很难做到。就算是早餐，不少人也要配上腐乳这些高盐的食物调味，吃盐量大大超标。

企业领袖常常因为工作只能在外面吃饭，现在饭店的菜大都"口味重"：一道道大餐里面肯定没少放盐。

专家建议：

有氧运动降血压：每减轻10千克体重，收缩压就会下降5~20毫米汞柱，高血压患者的运动方式应以有氧运动为主，包括步行、慢跑等。一天的运动时间为30~60分钟，每周运动3~7天。

如果步行，速度一般不超过110步/分，每次运动30~40分钟。

隐患9：失眠

核心原因：工作压力大。

高发年龄：任何年龄段的干部人群，不分性别。

病因分析：

多数企业领袖常出差，此时他们大部分的睡眠时间都是在飞机、火车上度过，身体的生物钟较紊乱。

同时，工作的巨大压力难免会使领导人士焦虑、烦躁不安而心情不快，这也是引起失眠的重要原因。

再者，企业领袖在工作中担负着更大的责任和压力，需要考虑的问题也更多。有时候白天思考的问题太多，到了晚上脑子的思绪也常常难以安静下来，常受失眠的困扰。

专家建议：

准时睡眠最重要。失眠后不要在早上补觉，还得固定起床时间，夏天约7点前，冬天约8点前。因为此时的阳光会放出蓝光，有助于调整错乱的生理时钟。

晚餐不要吃太饱。《黄帝内经》里曾有"胃不合则卧不安"的说法，导致睡眠障碍的原因之一就是晚餐吃了一些"不宜"的食物。因此，晚餐不能吃太饱，而且有些食物在消化过程中会产生较多的气体，从而产生腹胀感，妨碍正常睡眠，如豆类、大白菜、洋葱、玉米、香蕉等。

隐患10：慢性疲劳

核心原因：长期熬夜，加班。

高发年龄：40岁以上。

病因分析：

白天总有忙不完的事情，办公室人来人往，电话响不停，写文件这样的工作只有晚上熬夜弄。做企业老板的，因为忙工作频频熬夜是常有的事情，白天时间不够用，只能牺牲晚上的睡眠时间。

再者，长期从事繁重的脑力劳动、长时间加班、夜班等违反生理规律的工作容易产生情绪方面的问题。加上睡眠规律紊乱，休息、闲暇时间减少和过量饮酒、吸烟等因素也会导致疲劳。

其实，缓解慢性疲劳，最简单也是最有效的方法就是休息，一听这话，您也许要皱眉头，工作繁重如山，哪有时间休息啊？

休息也有"简化版"，如最好能每天固定在同一时间小睡片刻，不超过1个小时，就能有效缓解工作疲劳和睡眠不足。

专家建议：

慢性疲劳要就诊。如疲劳超过1个月，就属持续疲劳，而疲劳症状长于3个月，就应到医院就诊；如果疲劳持续半年以上，就可能已患上了慢性疲劳。

慢性疲劳综合征的初期症状很像感冒，如低烧、头晕、咽喉疼痛、肌肉酸痛等，即使吃感冒药，也不起作用。

还有些患者一出现疲劳的症状，就以为只要多休息、加强锻炼或吃点保健品即可消除。其实，这些根本解决不了问题，必须有针对性地进行治疗。

多吃碱性食品。如新鲜蔬菜(紫甘蓝、花椰菜、萝卜缨、小白菜)和水果、菌藻类、奶类等可中和体内的"疲劳素"———乳酸，缓解疲劳。

脂肪肝可防可治，不可忽视。

每天动一动，痔疮不可怕。

颈椎病运动有讲究，一定不可以做旋转的颈部运动。

放松心情好睡眠，偏头痛不来烦。

要想血脂降下来，合理膳食常运动。

预防冠心病必须早。不吸烟、多运动。

糖尿病人要健康，五匹马拉车不能少。"健康知识、血糖检测、膳食控制、科学运动和药物治疗"五种措施要同时采纳，不可偏废。

预防高血压，35岁以后至少每年测1次。

失眠真痛苦，早睡最有效。

慢性疲劳，生命窃贼，调适心情及时纠正。

企业领袖三合智慧

问：何为企业领袖三合健身操？有何玄机？

三合智慧解答：

如果你没有经常性地锻炼运动项目，不妨试一下三合智慧健身操，它不受时间和场地的限制，任何时候可以锻炼。

第一个动作：天合操（与天合）

运动前奏：双脚并拢、双手自然下垂、目视前方——吸气，同时双手手心向上，从身体两侧举起来——呼气，同时双手手心向下，从上经胸前落下（一呼一吸来回三次）。

动作要领：双脚分开与肩同宽——双手举过头顶（手指并拢）——双手一上一下双脚同时跳动99次或9个八拍。

寓意：要感谢天、感谢宇宙。企业的天是顾客，要和顾客合，和自己心中的天合。员工的天就是企业的天，员工的天是顾客。

第二个动作：地合操（与地合）

运动前奏：双脚并拢、双手自然下垂、目视前方——吸气，同时双手手心向上，从身体两侧举起来——呼气，同时双手手心向下，从上经胸前落下（一呼一吸来回三次）。

动作要领：双脚与肩同宽，双手自然下垂放松、目视前方，双脚上下跳99次或9个八拍，两臂随着双脚落地而下坠。

动作关键点：肩膀抖动、脚掌着地。

寓意：扎根才能够长成参天大树，员工在企业的发展也是如此，所有企业能成长为大企业都是因为扎根本产业。

第三个动作：人合操（与人合）

运动前奏：双脚并拢、双手自然下垂、目视前方——吸气，同时双手手心向上，从身体两侧举起来——呼气，同时双手手心向下，从上经胸前落下（一呼一吸来回

三次)。

动作要领：扎侧马步——右腿后退：左腿稍弯，一只胳膊抬高，另外一个胳膊稍低，手掌对手掌拍——保持这个姿势双手扩张来回拍99次或9个八拍（关键点：眼睛看着胳膊高的一只手）。

寓意：见到人就欢迎，简单的鼓掌又不能锻炼身体，所以就夸张一点，相当于扩胸运动，这样击掌遇到曾经让自己不开心的人也会欢迎他，使自己的人际关系非常好，和所有的人合，和你想合的人合。坚持九九八十一天，人合就会变成合人，与人合就会变成人合你，与钱合就变成钱合你。

第四个动作：心合操（与心合）

运动前奏：双脚并拢、双手自然下垂、目视前方——吸气，同时双手手心向上，从身体两侧举起来——呼气，同时双手手心向下，从上经胸前落下（一呼一吸来回三次）。

动作要领：

要领一：双脚与肩同宽，目视前方。双手在胸前交叉（阴阳结合），拇指与拇指连接（形成一颗心），小指与小指连接形成一颗心。关键点：上面的心表示自己的心积极向上向善，手掌倒过来意为心到，用我们的心去感谢天、感谢地。胳膊向上举——向后仰99次。

要领二：手掌倒过来——弯腰，上下99次，意义：拜自己的地，弯下的是躯体，升起的是灵魂。

要领三：双脚并拢、双手自然下垂：目视前方——吸气，同时双手手心向上，从身体两侧举起来——呼气，同时双手手心向下，从上经胸前落下（一呼一吸来回三次）。

寓意：有了天，有了地，有了人就会心自动与心合。

三合健身操寓意说明：

说明一：三合操的意旨，在于告诉我们心中有天、有地、有人，拜"天"，拜"地"，拜"人"。

说明二：三合操动作简单易学，而且没有时间和空间的限制，老少皆宜。

说明三：三合操的运动效果是排毒，对于有便秘、肩周炎的人有一定的帮助。

说明四：个人的身体健康离不开运动，健康状况的好坏与运动有着直接的关系，要保证生活质量必须坚持适当的运动。

说明五：运动让身体找到快乐，让精神找到放松，应结合自己的身体实际选择适宜的运动。

说明六：企业家要保持身体健康，使自己的身体、精神处于一种良好的状态，除了需要注意锻炼身体，还要注意心态健康。

问：何为健康管理？

三合智慧解答：

健康管理是一种个人或人群的健康危险因素进行全面管理的过程。

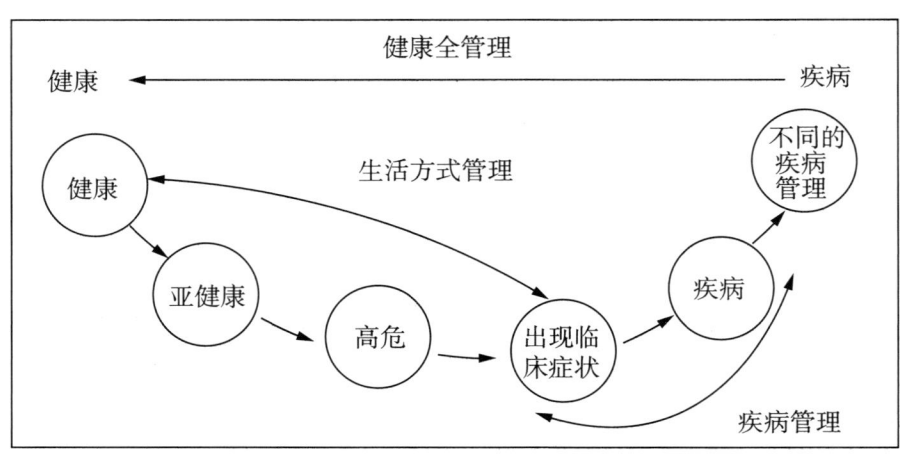

健康管理在我国还是一个新概念。健康管理的服务对象较狭窄，主要集中在经济收入较高的人群，公众的认知度还不高，健康管理的一些理念尚未被公众接受。

例如，有些人一年抽烟能花费上万元，而花几百元做个健康管理在他们看来却是"太贵了"，一旦生病，他们只能花费巨资寻求专家名医，而事实是健康管理提早预防可以让他们少花这笔冤枉钱。

相对狭义的健康管理是指基于健康体检结果，建立专属健康档案，给出健康状况评估，并有针对性地提出个性化健康管理方案（处方），据此，由专业人士提供一对一的咨询指导和跟踪辅导服务，使客户从社会、心理、环境、营养、运动等多个角度得到全面的健康维护和保障服务。

问：企业领袖加强健康管理有何重要的意义和目的？

三合智慧解答：

疾病特别是慢性非传染性疾病的发生、发展过程及其危险因素具有可干预性，是健康管理的科学基础。

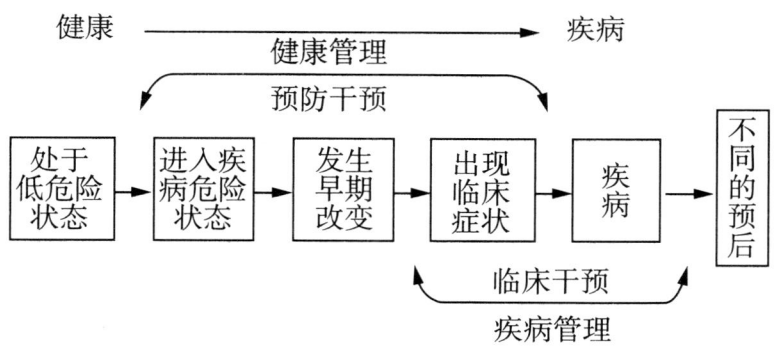

每个人都会经历从健康到疾病的发展过程。

一般来说，是从健康到低危险状态，再到高危险状态，然后发生早期病变，出现临床症状，最后形成疾病。

这个过程往往很长，往往需要几年到十几年，甚至几十年的时间，而且和遗传因素、社会和自然环境因素、医疗条件以及个人的生活方式等因素都有高度的相关性，其间变化的过程多也不易察觉。

但是，健康管理通过系统检测和评估可能发生疾病的危险因素，帮助人们在疾

病形成之前进行有针对性的预防性干预,可以成功地阻断、延缓甚至逆转疾病的发生和发展进程,实现维护健康的目的。

健康管理不仅是一套方法,更是一套完善、周密的程序。通过健康管理能达到以下目的:

目的一:学

学会一套自我管理和日常保健的方法;

目的二:改

改变不合理的饮食习惯和不良的生活方式;

目的三:减

减少用药量、住院费、医疗费;

目的四:降

降血脂、降血糖、降血压、降体重,即降低慢性病风险因素。

再问:

健康1:如何排解不良焦虑?

健康2:如何终结疾病恐惧?

健康3:如何提高自我保健意识?

健康4:如何增强自我保健能力?

健康5:如何预防和调治亚健康?

健康6：如何改善人际交往障碍？

健康7：如何读懂自己的身体语言？

健康8：如何打造健康文明的生活方式？

健康9：如何开启人体自愈的两大本能？

健康10：健康智慧的"两大软件"是什么？

健康11：企业领袖的健康智慧公式是什么？

健康12：肥胖发生与什么有特别关系？如何避免？

健康13：肾病发生与什么有特别关系？如何避免？

健康14：便秘发生与什么有特别关系？如何避免？

健康15：失眠发生与什么有特别关系？如何避免？

健康16：高血压发生与什么有特别关系？如何避免？

健康17：关节炎发生与什么有特别关系？如何避免？

健康18：心脏疾病发生与什么有特别关系？如何避免？

健康19：胃部问题发生与什么有特别关系？如何避免？

健康20：健康饮食的七大营养素是什么？

健康21：应该常用的健康水果有哪些？

健康22：男性企业领袖的健康生活八要素是什么？

健康23：什么亚健康？你有无如下30种亚健康状态的症状？

（1）精神焦虑，紧张不安；

（2）忧郁孤独，自卑郁闷；

（3）思想分散，思维肤浅；

（4）遇事激动，无事自烦；

（5）健忘多疑，熟人忘名；

（6）兴趣变淡，欲望骤减；

（7）懒于交际，情绪低落；

（8）常感疲劳，眼胀头昏；

（9）精力下降，动作迟缓；

（10）头昏脑涨，不易复原；

（11）久站头晕，眼花目眩；

（12）肢体酥软，力不从心；

（13）体重减轻，体虚力弱；

（14）不易入眠，多梦易醒；
（15）晨不愿起，昼常打盹；
（16）局部麻木，手脚易冷；
（17）掌腋多汗，舌燥口干；
（18）自感低烧，夜常盗汗；
（19）腰酸背痛，此起彼安；
（20）舌生白苔，口臭自生；
（21）口舌溃疡，反复发生；
（22）味觉不灵，食欲不振；
（23）反酸嗳气，消化不良；
（24）便稀便秘，腹部饱胀；
（25）易患感冒，唇起疱疹；
（26）鼻塞流涕，咽喉疼痛；
（27）憋气气急，呼吸紧迫；
（28）胸痛胸闷，心区压感；
（29）心悸心慌，心律不齐；
（30）耳鸣耳背，晕车晕船。

一转身：

带着健康的问题，进入《企业领袖三合健康智慧研讨会》，三合智慧团队将与你共同探讨符合你身体状况的健康方案。

行深一步：

思想健康透视着一个人的品德，企业产品则突显着一个人的品质。何为三合产品智慧？有何玄机？请进入第三讲《企业领袖三合产品智慧》，从不同的视角、不同的切入点解析三合智慧，以飨读者。

第四讲
企业领袖三合产品智慧

产品不好销,是升级?还是抛弃?

如何才能做到精致再精致的产品?

如何使产品的价值远远超出顾客的期望值?

如何才能用产品承载企业家的精神灵魂?

如何升级产品使产品入眼、入脑、入心、入神?

物美价廉已经不能代表这个时代,企业领袖必须用智慧让产品无限升值,本质就是通过产品让人生活得更美好、更幸福。

问：何为产品入眼？怎样的产品才能被"眼"青睐？有何通道？

三合智慧解答：

产品入眼就是你的产品让人眼前一亮，视觉是消费者认知产品最直接的通道，追逐怦然心动的感觉。

第一印象本质上是一种优先效应，当不同的信息结合在一起的时候，人们总是倾向于重视前面的信息。

心理学研究发现，人们在看到某种事物时，45秒钟内就能产生第一印象。

在日常生活中，有很多运用这一效应的例子，如"新官上任三把火"，当官刚上任的时候，往往会做出几件事来树立自己的威信。

第一印象主要是产品有颜色、线条、结构、工艺、质感、装饰等"外部特征"。

一般情况下，一个产品的形状都在一定程度上反映出产品的质量特征和其他个性特征。

第一印象一旦在消费者头脑中形成，就会在消费者意识里占据主导地位，并且影响很大，持续的时间也长，比以后得到的信息对于整个印象产生的作用更强。

因此，你的产品必须在形态、色彩、韵律、材质方面下功夫，吸引消费者的眼球。

当消费者第一次见到你的产品时，必须让消费者眼前一亮。让消费者眼前一亮，产品入眼并立刻被青睐有如下通道：

通道一：美

爱美，是人的共性，"爱美之心，人皆有之"。

美的产品自然人人喜欢。

美是一种发自内心的知觉，是人类某种情绪的表达，它体现在情感上，与愉悦的对象有着紧密的联系，它与情感表达对象的特征和结构密不可分，这些结构、特征所构建的知觉就可以称为"美"。

产品要入眼,第一因素就是要"美"。

美的产品一般都符合自然规律形式,不违背人们的官能快感。

美的造型经常以其鲜明生动的形式——形态、色彩、韵律、质感等给人以舒服的感受。

各种形式的美感更是以符合自然形式的规律性,如和谐、均衡、比例、节奏、韵律、统一与变化等作为美的衡量尺度。

这些美的原则同样是产品设计时所应遵循的美学原则。

这类产品利用人们爱美的本能,能够直接在人的眼里进行刻印。

就凭此一点,利用人们对美的追求和享受,你的产品上体现出的美的智慧,就会轻松地转化成源源不断的财富。

通道二:奇

好奇,是人的另一本性。

人天生就好奇,喜欢新鲜,喜新厌旧。

出其不意,以它从未见过的新奇,则可成功地打动顾客的心。

产品的奇,就满足了人们好奇的情感需求。

这类产品的特征是新颖、新奇、有趣味,体现出设计者和生产者的无限创意。

奇,就是要进入人们心中那片盼望惊喜的天地。

奇,就是要超越不寻常的思路。

奇,就是要从否定,否定,再到否定,直至肯定。

只有创意,才能出奇,只有脑洞大开,才能出其不意,出奇制胜。

通道三:端庄

端庄,是一种凛然的气质。

端庄不是古板,也不是刻板,而是一种端庄的精神。

端庄,是端正和庄重的结合,是形式和内容的结合。

具体到你的企业产品,指的就是端端正正,大大方方,给消费者一种平衡感,一种稳重感,一种扎实感,稳如泰山。

如何做到产品端庄?

这里牵涉到一个美学原则,即对称与平衡的组合规律。

通道四：天然感

天然，乃道家哲学。

生来就有的自然生成的、自然形成的。

天然感，让人有回归自然的感觉。

自然的呼唤，是人们不可抗拒的心灵诱惑。

人们对大自然的热爱，催生了天然感产品的繁荣。

美、奇、端庄，是产品中常见的设计风格表达，各自体现了不同的追求和内涵，也指向了不同的消费人群。但是在林林总总的消费人群中，还有一部分人的喜好很执着。不管是吃的、用的、看的，都要追求一种纯自然的感受。

问：何为产品入脑？怎样的产品才能被"脑"认可？有何通道？

三合智慧解答：

产品入脑就是你的产品经过顾客思考很容易被认可，使其做出购买的决定。产品立刻被大脑认可的通道有：

通道一：简单

简单，指不复杂、头绪少，但不草率、不平凡的产品。

简单的产品是指最便捷、最直接的产品表达方式。

产品设计和制作追求的简单，是功能精练之后的简单，是以一当百的简单。

人的本性是懒惰，懒惰爱的就是简单。

只有简单的产品才能复制，才能减低成本，才能有效快速扩张。

通道二：实用

实用，是指产品的实际使用价值，包括实际使用和实际应用。

实用，永远是产品的第一功能。

实用，是产品的本质。

没有实用功能，产品就是无用的废品。

因此，详细调查研究，设身处地考虑，是实现产品实用功能设计的唯一有效途径。

入脑，就是要把产品的形状、色彩、性能等印在消费者的脑海之中。

这是需要消费者深刻体验之后才能达到的，实用是打开消费者封闭脑海的第一关。

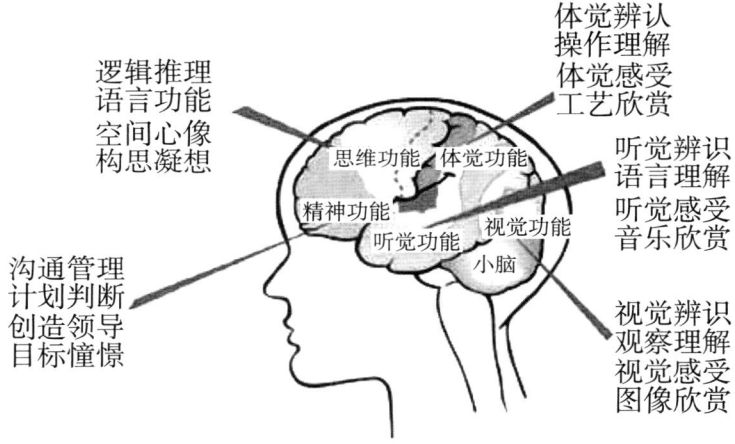

问：何为产品入心？怎样的产品才能被"心"喜欢？有何通道？

三合智慧解答：

产品入心是指产品在心理上被顾客认可，通道有以下几种：

通道一：文化

文化是智慧群族的一切群族社会现象与群族内在精神的既有、传承、创造、发展的总和。

它涵括智慧群族从过去到未来的历史，是群族在自然的基础上的所有活动内容，是群族所有物质表象与精神内在的整体。

具体人类文化内容指历史、地理、风土人情、传统习俗、生活方式、宗教信仰、文

学艺术、规范、律法、制度、思维方式、价值观念、审美情趣、精神图腾等。

打动人心的是文化。产品的文化内涵和表现形式，在很大程度上决定了产品本身成功与否。

文化元素并不是信手拈来的，它需要对市场、对消费者深刻地理解和洞察。

通道二：道义

道义是指道德义理、道德和正义等。

产品承载道义，消费就是伟大的行为。

脑白金演绎"孝礼"的销售奇迹，找到承载道义的入口，以爱的名义，在产品之实与道义之名必匹配。

道德是引导人们追求至善的良师。

它教导人们认识自己，对家庭、对他人、对社会、对国家应负的责任和应尽的义务，教导人们正确地认识社会道德生活的规律和原则，从而正确地选择自己的生活道路和规范自己的行为。

正义是人类社会普遍认为的崇高的价值观，是指具有公正性、合理性的观点、行为、活动、思想和制度等。

衡量正义的客观标准是这种正义的观点、行

为、思想是否促进社会进步，是否符合社会发展的规律，是否满足社会中绝大多数人最大利益的需要。

正义要求分配社会利益和承担社会义务不是任意的，要遵循一定的规范和标准。正义的普遍性是要求按照一定的标准进行平等或是量的均等，或是按人的贡献平等或按身份平等，分配社会利益和义务。分配社会利益和义务者要保持一定的中立。

正义是彰显符合事实、规律、道理或某种公认标准的行为。

通道三：情怀

情怀是一种高尚的心境、情趣和胸怀。

以人的情感为基础与所发生的情绪相对应。

近年来，"情怀"在互联网公司已经被植入了浓浓的商业气息。不提一下情怀，都不好意思说是做产品的。

现在，对大多数产品来说，如果没有足够的品牌沉淀来支撑，很多都会选择以卖"情怀"为捷径。

情怀是有一定的品牌沉淀。

有情怀的产品一定会让人既心向往之，又神向往之。

情怀是产品性格的表现，是锁定一类人群的准确定位。

情怀品牌或者情怀产品，首先一定要是质量过硬的产品。

情怀背后一定有故事，注重"产品"本身就是最好的"情怀"。

问：何为产品入神？怎样的产品才能让顾客"神往"？有何通道？

三合智慧解答：

产品入神本质上是指用产品让顾客生活得更美好、更幸福！让顾客"神往"的通道有：

通道一：希望

希望，心中最真切的幻想、盼望、期望、愿望，指期望达到的某种目的或出现的某种情况。也有企望、但愿、巴望、希冀、希图、心愿、愿望、期待、期望、梦想、渴望、理想、生机、盼望、祈望、转机、仰望、瞻望的意思。

希望是人类一个很美好的精神生活动力，人生活在这个世界，有能力应该给人制造希望。希望是许多人生命中的重要支柱之一。

正是有了希望，人们才会不知疲倦地学习、工作、吃苦，忍受贫穷、困难、屈辱，承担风险、责任、义务。

让人充满希望的产品一定是伟大的产品。

通道二：象征

象征是指不可见的某种物，如一种概念或一种风俗或标记。

被象征的本体是抽象的。

当我们可以用一个具体的事物来代表一个抽象的事物，并且前者是后者意义的载体，是后者精神的呈现时，就可以说前者是后者的象征。

产品的象征性，揭示了人类内心渴望被认同归属于某个群类或阶层的强烈愿望，也让企业可以从人性的这种特点对产品进行更为精准的设计制作。

象征意义的产品，是可以分门别类的。

按照不同消费人群的消费心理需求，定制式地设计制作出适合的产品。

在此，我们举一个适合质朴风格的极简设计的思想：质朴的，给高品位却内心简单的人。

产品使用的归属感十分强烈，这种幸福和认同感是产品生产者所必须重视的产品象征性，会在以后的时间里，表现得更普遍、更细致、更精准。

通道三：传承

传承：传，传递，这里是传授的意思。承，托着，接着，这里是继承的意思。

传承，泛指对某某学问、技艺、教义等，在师徒间的传授和继承的过程。

传承是人类的一种延续方式，传承的是传统和文化。

传统文化是历史的结晶，它不是躺在博物馆里的陈列品，而是活着的生命，它的生命要比一个人的生命长得多，它从人类文明开始，一直存活到现在，而且还会一直存在下去。

传统文化所蕴含的代代相传的思维方式、价值观念、审美标准、行为准则，一方面有着强烈的历史性、遗传性，另一方面又有着鲜明的延续性、变异性、现实感、时代感，无时无刻不影响着当代人的思想和行为。

可以说，传统的文化、技术、艺术已经演化成了基因，深深地融化进了人类的身体里，一代代地传了下去。

人类有选择地传承了无形的思想、观念、意识，也传承了有形的技术标准、艺术准则、物品形态。

传承的，是有特殊的价值。

我们看到，在人类历史上，产品生产者的智慧是无穷无尽的，他们富有创意。

很久很久以前，传家宝似乎只是大户人家的专利，即便寻常人家藏有一两件宝物，那多半也是因为他的祖上非富即贵。

我们时常听到一个曲折离奇的故事背后，通常都有一个美丽的散发着神秘与斑驳气息的宝物，那宝物通常是"养在深闺人未识"。

具有传承价值的产品——传家宝都有些什么特点呢？

首先，它应该是个宝，散发着传承的气质，如瓷器、金银首饰、玉器、字画、古董表、家具、宝石等物件。

这些物件质量稳定，非但不会因为品质变化而贬值，反而会因为岁月的累积，经过一代又一代人气的浸染，越来越值钱。

其次，具有传世价值，如传统精工工艺、出自名家、个性突出、绝世稀有等。据最近很火的某寻宝类节目报道，有些所谓的传家宝做工粗糙，工艺现代，90%以上的都是赝品。

最后，传家宝往往见证了一个家族的荣辱兴衰，寄托了家庭成员的情感和精神，而家族中独有的那种氛围与特点，又会在宝贝上反映出来。

看到一件陶瓷，懂行的专家会根据它的品相、外观、使用程度甚至瑕疵，辨别出它历经了哪些人手的流转。

皇家的传家宝、贵族的传家宝与平民百姓的传家宝，传递的故事不同，各自所散发出的精神气质也是不可替代的。

产品具有收藏、传承价值，是一种永恒未了的心愿。

消费者买了产品后觉得高兴、值得、有升值空间，也有一代一代传承的价值，也会成为消费者的传家宝。

他们给这个世界提供了现实的需求，也提供了未来的参照，还提供了情感的寄托。

这种最高的境界，大多时候让消费者完全忘记了与生产者的不同，也让生产者完全忘记了是为别人生产的。

这就是生产者与消费者高度融合的最高境界。

一个企业最大的产品就是人，有灵魂的人、能制造产品灵魂的人是企业的真正脊梁，如苹果的乔布斯、海尔的张瑞敏，因为他们把灵魂注入了产品之中。

通道四：寄托

寄托，本意是心灵的某种依靠，即人在郁闷、伤心、迷茫的时候需要安慰，却找不到身边真实的依靠时，心中那不切实际的、幻想的依靠。

寄托是一种源自于精神层面本能的需求，它是将负面情绪疏导至被寄托处，以缓解内心的不安，这是一种给精神的药剂。

寄托是依靠，是信赖，是爱。

有人说，生存的最终，就是找到感情寄托。

无论是有钱没有钱，有成就没有成就，长得漂亮还是丑，终极一生就是需要有个感情寄托。

有一些男人，很需要有一个自己爱的人，让他可以付出，付出就可以了，努力赚钱，买很贵的车给老婆开，自己开一辆很破的车，内心还是甜丝丝的。

有一些男人，很需要一个爱自己的人，让对方照顾自己，被爱就好了，努力赚钱，努力维持幸福的家庭，买一个破的车给老婆开，自己开个很贵的车，老婆一样甜丝丝的，对他依然深情，依然崇拜。

反之女人依然，自己长得不漂亮，可是老公很帅，她爱着老公，就算老公偶然自私地花钱在自己身上，不花在她身上，她也毫无怨言，毕竟帅哥是要多花钱打扮的，内心依然甜蜜。

自己长得漂亮的，老公不帅，老公爱着自己，花钱在自己身上，就算老公很穷，买不起LV、GUCCI，但是任由你发脾气、公主病，依然什么都让着你，女人内心依然甜蜜。

以上任何一种情况，主角都很幸福，因为他们互相找到了感情的寄托，爱，或者被爱。

同样的，我们把产品当成媒介，顾客买的是通过此产品得到满足的某种寄托，就更有利于人们获得相对高效率、高品质的生活。

让产品成为用户寄托情感的容器，是一个产品成功的关键法宝。

因为，当你的产品成为用户的情感寄托，当用户离不开你的产品时，就不用担心产品的销售了。

再问：

产品1：如何打造有形产品？有何玄机？

产品2：如何打造无形产品？有何玄机？

产品3：如何打造核心产品？有何玄机？

产品4：如何打造基本产品？有何玄机？

产品5：如何打造期望产品？有何玄机？

产品6：如何打造附件产品？有何玄机？

产品7：如何打造潜在产品？有何玄机？

产品8：如何打造整体产品？有何玄机？

产品9：如何打造概念产品？有何玄机？

产品10：如何打造服务产品？有何玄机？

产品11：如何打造软件产品？有何玄机？

产品12：如何打造硬件产品？有何玄机？

产品13：如何打造形态产品？有何玄机？

产品14：如何打造创新产品？有何玄机？

产品15：如何打造规格产品？有何玄机？

产品16：如何打造质量产品？有何玄机？

产品17：如何打造特定产品？有何玄机？

产品18：如何打造科技产品？有何玄机？

产品19：如何打造工艺产品？有何玄机？

产品20：如何打造审美产品？有何玄机？

产品21：如何打造品牌产品？有何玄机？

产品22：如何打造内涵产品？有何玄机？

产品23：如何打造未来产品？有何玄机?

一转身：

带着企业产品的问题，进入《企业领袖三合产品智慧研讨会》，三合智慧团队将与你共同探讨符合你产品问题的处理方案。

行深一步：

企业的第三分地是什么？请进入第五讲《企业领袖三合资本智慧》，从不同的视角、不同的切入点解析三合智慧，以飨读者。

第五讲
企业领袖三合资本智慧

掌握资本智慧，就能掌握企业未来。

没有缺钱的企业，只有没有掌握资本智慧的企业家。

问：何为资本？有哪些分类？

三合智慧解答：

  资本是指一切投入再生产过程的有形资本、无形资本、金融资本和人力资本。价值规律告诉人们，资本总是流向高利润行业。

  资本是企业经营活动的一项基本要素，是企业创建如何打造生存和发展的一个必要条件。

  企业创建需要具备必要的资本条件，企业生存需要保持一定的资本规模，企业发展需要不断地筹集资本。

资本大致可以分为以下几类：

资本一

金融资本，是指股票、债券等，以资本资产的形式出现，可以在金融市场中交易。其市场价值不是以其累计的投资金额为准，而是以其市场对于未来盈余及风险的预期值为准。

资本二

自然资本，是指固有的自然生态提供生活所需及其他资源，如河流可以提供农田水源。

资本三

社会资本在私人企业中常会被视为是商誉或品牌价值，不过社会资本是一个较广的概念，是指为实现工具性或情感性的目的，透过社会网络来动员的资源或能力的总和。

问：何为资本思维？

三合智慧解答：

利润思维是通过一件一件卖产品实现一种简单的"利润"加法式增长的思维。资本思维是面对资本市场时的思维模式，是推动企业实现"市值"杠杆式增长的思维。

资本思维是用钱生钱，不是用体力赚钱。

思维是人类区别于动物最本质的属性与特性。

企业领袖为什么要有"资本思维"?

如今,很多人发现钱比以前难赚了,实际上是赚钱的逻辑发生变化了。

现在的中国,进入了更高层次的"资本经济"时代。

什么是"资本经济"时代呢?简言之,就是在市场经济的基础上加了一根"杠杆",在物理学上"杠杆"的作用是利用"力臂"将"力量"放大,从而可以翘起更大质量的物体。

经济上多了这一根杠杆,其活动空间和灵活性都会大大增强,这也叫"资本思维"。

今后的中国人必须深刻理解和运用"资本思维"这个工具。

问:企业领袖必须具备的八大资本思维是什么?

三合智慧解答:

思维决定命运,资本思维决定财富,企业领袖必须具备如下八大资本思维。

思维一:资本的本质是对资源的"支配权"

资本的本质是对资源的"支配权",通过资源支配带来更多的支配权叫"资本运作",通过"资本运作"优化和配置社会财富,实现社会效率的最大化就是"资本运作"的社会价值。

思维二:资本有趋利性和增值性,追求利润最大化

这就会促使社会资源的配置朝着效率、效益最大化的方向发展。社会资源将依次流入最有效率的国家和地区、最有效率的产业,最有效率的企业、最有效率的项目、

最有效率的个人。

资本的逐利促进资源的优化，资源的优化顺势产生新的资本，并且不断产生新的机会，如此一边循环一边膨胀。

思维三：从经济层面讲，今后社会上只有三类人

第一类人：资源者

他们是资源的最直接拥有者，依靠出卖自己的资源生存，如农民靠耕地，工人靠体力，医生靠技能，作家靠写作，还有老师、律师等。

第二类人：配置者

资源是谁的不重要，关键是要有资源配置权。这类人依靠配置资源挣钱，从事资源的投入—整合—运营—产出工作，以企业家为主，创业者也属于此类。

第三类人：投资人（资本家）

他们离资源最远，但是所有资源却统统归他们掌控，他们只在幕后玩操作游戏。风险投资者就属于此类人，如孙正义投资马云，阿里巴巴上市使他大获成功。资本家无国界，他们可以控制全球资源流向，可以通过金融体系支配大量别人的资产。

思维四：名义上的资源者，实际上的"资本家"

看一个人能量多大，关键是看他能配置多少资源。按照这三种不同性质的角色扮演，今后的个人如何获得财富？无非只有三条渠道：出售资源、配置资源、掌握资本。

思维五：不做纯资源者（普通人），不靠通过出售自己的资源生存

"资源者"通过出售自己的资源生存，也就是资源者的技能，即"时间＋体力"，这也是社会上分布最多的人群。

所以一般普通人只能找一家企业工作，出售自己本身换来财富。然而普通人的时间、体力都是相差无几的，他们能够出售的资源都是差不多的，于是为了让自己的资源卖上好价钱，就只能提升自己的技能水平和熟练水平。

这时一个普遍的做法就是读书，这就是为什么父母们都希望自己的孩子好好读书，为什么清华、北大的毕业生一般会比没有文化的人起薪高一些。但是现在文凭带来的技能差距差别越来越小，一个普通的一本学生与二本学生已经没有什么本质的差别，反而不如蓝翔技校学得好的人附加价值高，这是因为前者数量多，后者数量少，而且后者更加注重实践，供需关系决定了资源的价格，因此"读书无用论"早就开始流行。

普通工人、白领、职业经理人甚至当年的"打工皇帝"唐骏、各大明星，都属于"资源者"，获得财富是有限的。

思维六：配置者（企业主），通过脑力去设计资源的配置，通过优化资源去赚钱

这种人不是资源的直接拥有者，他们往往通过脑力去设计资源的配置，通过优化资源去赚钱，企业家就属于这一类。

从定义上来讲，企业家是从事资源的组织管理并承担经营风险的人。企业家的收入跟他配置的效率成正比，上不封顶。但同时也要为自己的资源配置承担风险，下

限就是破产。

为什么很多人想去创业呢?就是因为他们想从第一类人努力攀爬到第二类人。

一旦从"资源者"升级到"配置者",就意味着不用再出卖自己的技能,而是开始经营自己的思想和智慧,人身和经济都实现了自由,从而实现人格上的自由。

而如今,中国进行改革开放的深化,这个时候的中国已经发生翻天覆地的变化,此时也对企业家的素质提出了更高的要求。

例如,在欧美和日本,企业家始终是社会的精英阶层才可以担任。而接下来的中国,如果没有一定的文化素养、理想追求,以及对创新的深刻理解,很难再成为社会的"配置者"。

因此,中国的企业家正在更新换代,一些"90后"创业者纷纷走近我们的视野,很多老的企业家也自愿退出历史舞台,这是时代的发展,也是一种必然!

思维七:企业领袖是企业家也是"资本家"

这个社会的财富,看似是属于分散的"资源者"的,实际上却是归"配置者"享用的。但在本质上,更多的是属于资本家的!

第二次工业革命后,掌握了科技与运用的企业家们,能迅速地积累起巨额的财富，他们的企业对一个国家产生了极大的影响，这些企业组成了这个国家的经济命脉，企业为了获得高额利润，通过相互协议或联合，对一个或几个部门商品的生产、销售和价格进行操纵和控制，于是形成了垄断，而这时的"企业家"开始坐在幕后操纵这一切，演变成了"资本家"。

"资本家"和"企业家"最大的区别是资本家不直接参与企业的经营和管理，而是在幕后操纵企业宏观思路，企业的产品是各类消费品等，而资本家的产品就是各个企业。通过投资、入股、并购、重组的方式，将一个企业的未来把控到自己手中，孙正义投资了马云，成全了阿里巴巴，马云就是企业家，而孙正义就是资本家。孙正义手里有N个马云，成了日本首富。再如巴菲特专门坐在老家做投资操纵他的布局，他也是资本家。

思维八：资本思维对决普通思维

相同的《高级数学题》在不同的思维下，得出不同的结果。

□求证：1元=1元

□普通思维解题：1元=10角

　　　　　　　=100分

　　　　　　　=1元

□求证：1元=1000元

□资本思维解题：1元=1元×1元

　　　　　　　=10角×10角

　　　　　　　=100分×100分

　　　　　　　=1000厘×1000厘

　　　　　　　=100万厘

　　　　　　　=1000元

我们还在传统的思维里苦苦挣扎，"资本家们"已经开始了用分享经济＋倍增原理＋大数据＋互联网金融在奔跑啦！

这就是：思路决定出路，观念决定贫富，眼光决定未来！

问：何为资本市场？资本市场的本质是什么？

三合智慧解答：

资本市场是政府、企业、个人筹措长期资金的市场，包括长期借贷市场和长期证券市场。

在长期借贷中，一般是银行对个人提供的消费信贷在长期证券市场中，主要是股票市场和长期债券市场。

资本市场上的交易对象是一年以上的长期证券。

因为在长期金融活动中，涉及资金期限长、风险大，具有长期较稳定收入，类似于资本投入，故称之为资本市场。

本质上，资本就是财富，通常形式是金钱或者实物财产。

资本市场上主要有两类人：寻找资本的人，以及提供资本的人。寻找资本的人通常是工商企业和政府；提供资本的人则是希望通过借出或者购买资产进而谋利的人。

资本市场的资金供应者为各金融机构，如商业银行、储蓄银行、人寿保险公司、投资公司、信托公司等。

资金的需求者主要为国际金融机构、各国政府机构、工商企业、房地产经营商以

及向耐用消费零售商买进分期付款合同的销售金融公司等。

资本市场可以分为一级市场和二级市场。

在一级市场上新的吸收资本的证券发行并被投资者需求。

在二级市场上已经发行的证券易手。

假如一个市场符合证券交易所的要求，则这个市场是一个有组织的资本市场。

一般来说，通过时间和地点的集中，这样有组织的市场可以提高市场流通性，降低交易成本，以此提高资本市场的效应。

问：何为资本运作？有何玄机？

三合智慧解答：

资本运作就是利用有限的一切可以产生价值的资源，运用市场法则，通过资本本身的技巧性运作，达到资本创利的最大化。

例：如果把公司比作"碗"，利润比作"水"，我们平时都是拿碗去舀水喝。

那么怎样才能让水自动流到碗里来呢？

研究水的运行规律之后，发现：如何打造水往低处流、碗低水高。不是打造碗，不是打造公司的表面。

水的运行规律也就是资金运行规律，资本运作的本质规律。

资本运作又称资本经营，是指利用市场法则，通过资本本身的技巧性运作或资本的科学运动，实现价值增值、效益增长的一种经营方式。

不完全解释：资本运作＝资金运作。

正确的解释：资本运作＝资金（有形）＋人际关系＋社会关系＋文化。

简言之，资本运作的玄机就是利用资本市场，以小变大、以无生有的诀窍和手段，通过买卖企业和资产而赚钱的经营活动。

资本运作的核心理念就是把零散的资金集中起来，按照一定的比例，进行重新分配，让一部分人快速富起来，让绝大多数人挣到钱。

问：何为企业并购？企业收购过程中要注意哪些流程？

三合智慧解答：

企业通过一定的程序和手段取得某一企业的部分或全部所有权的投资行为。

购买者一般可以通过现金或股票完成收购，取得被收购企业的实际控制权。

企业并购的流程大致如下：

1. 制定公司发展规划
2. 确定收购目标企业
3. 搜集信息，初步沟通，了解目标企业意向
4. 谈判确定基本原则，签订意向协议

5. 递交立项报告

6. 上报公司

7. 上报上级，待得到同意的批复后进入具体收购业务流程阶段

8. 尽职调查

9. 尽职调查报告公司

10. 审计评估

11. 确定成交价

12. 上报项目建议书

13. 并购协议书及附属文件签署

14. 董事会决策程序；完成后进入注册变更登记阶段

15. 资金注入

16. 办理手续

17. 产权交接

18. 变更登记

问：何为股权众筹？股权众筹有哪些类别？

三合智慧解答：

2009年众筹在国外兴起，2011年开始进入中国，2013年国内正式诞生第一例股权众筹案例，2014年国内出现第一个有担保的股权众筹项目。

2014年5月，证监会明确了对于众筹的监管，并出台监管意见稿。股权众筹从是否担保来看，可分为两类：

股权众筹成为投融资领域的一片蓝海

一、无担保股权众筹

无担保股权众筹是指投资人在进行众筹投资的过程中没有第三方的公司提供相关权益问题的担保责任。目前国内基本上都是无担保股权众筹。

二、有担保股权众筹

1. 凭证式众筹

凭证式众筹主要是指在互联网通过卖凭证和股权捆绑的形式来进行募资，出资人付出资金取得相关凭证，该凭证又直接与创业企业或项目的股权挂钩，但投资者不成为股东。

2. 会籍式众筹

会籍式众筹主要是指在互联网上通过熟人介绍，出资人付出资金，直接成为被投资企业的股东。

3. 天使式众筹

与凭证式、会籍式众筹不同，天使式众筹更接近天使投资或VC模式，出资人通

过互联网寻找投资企业或项目，付出资金或直接或间接成为该公司的股东，同时出资人往往伴有明确的财务回报要求。

三、众筹当前最大的争议就是与非法集资的区别

众筹属于公开向不特定人群公开募集资金，很容易涉嫌非法集资。

以原始股权作为回报，相当于吸引一部分人开公司，《公司法》规定，非上市公司的股东人数不能超过200人。

众筹的一般价值在于，过去无力实现的，今天有了变为现实的可能。简单理解，众筹最大的功能就是筹钱。

从中小企业的角度来说，贷款难是众人皆知的事，而对于草根创业，面临的困境也一样，没钱，一切的设想都是空谈。

众筹一定是基于一种认同感,在认同感的前提下,求得最大化的参与,成为一个新的合众群体。

对于这个群体而言,并不是小额金主的汇集,而更应该是点滴智慧的集合。而且,这样的智慧,一定是全新的思考。

如果在产业层面,它应该是新兴的;如果在社会发展层面,它应该是带来下一秒变革的;如果在生活层面,它应该是能给我们带来思考的。

所以说,众筹的意义在于筹资与筹人,从更深层次说,众筹的意义在于筹得突破与变革。

众筹可以分为:产品众筹、消费众筹、债权众筹、股权众筹、公益众筹等。

问:何为天使投资?天使投资有哪些特性?

三合智慧解答:

天使投资(Angels Invest)是指个人出资协助具有专门技术或独特概念而缺少自有资金的创业家进行创业,并承担创业中的高风险和享受创业成功后的高收益。或者说是自由投资者或非正式风险投资机构对原创项目构思或小型初创企业进行的一次性的前期投资。

它是风险投资的一种形式。

而"天使投资人(Angels)"通常是指投资于非常年轻的公司以帮助这些公司迅速启动的投资人。

天使投资作为风险投资的一种，具有其特性：

特性一：资金额一般较小，而且是一次性投入，投资方不参与管理，对风险企业的审查也并不严格。

它更多的是基于投资人的主观判断或者是由个人的好恶所决定的。通常天使投资则是由一个人投资，并且是见好就收，是个体或者小型的商业行为。

特性二：很多天使投资人本身是企业家，了解创业者面对的难处。天使投资人是起步公司的最佳融资对象。

特性三：天使投资人可能是您的邻居、家庭成员、朋友、公司伙伴、供货商或任何愿意投资公司的人士。

特性四：天使投资人不但可以带来资金，同时也能带来关系网络。如果他们是知名人士，也可以提高公司的信誉。

问：何为风险投资？风险投资有哪些功能？

三合智慧解答：

风险投资（Venture Capital，VC），又称"创业投资"，是指由职业金融家投入到新兴的、迅速发展的、有巨大竞争力的企业中的一种权益资本，是以高科技与知识为基础，生产与经营技术密集的创新产品或服务的投资。

风险投资在创业企业发展初期投入风险资本，待其发育相对成熟后，通过市场退出激励将所投入的资本由股权形态转化为资金形态，以收回投资。风险投资的运作过程分为融资过程、投资过程、退出过程。

风险投资是企业成长与科技成果转化的孵化器，主要表现功能如下：

功能一：造融资功能

风险资本为创新企业提供急需的资金，保证创业对资金的连续性。

功能二：资源配置功能

风险资本市场存在着强大的评价、选择和监督激励机制，产业发展的经济价值通过市场得以公正地评价和确认，以实现优胜劣汰，提高资源配置效率。

功能三：产权流动功能

风险资本市场为创新企业的产权流动和重组提供了高效率、低成本的转换激励和灵活多样的并购方法，促进创新企业资产优化组合，并使资产具有了较充分的流动性和投资价值。

功能四：风险定价功能

风险定价是指对风险资产的价格确定，它所反映的是资本资产所带来的未来收益与风险的一种函数关系。

投资者可以参照风险资本市场提供的各种资产价格，根据个人风险偏好和个人未来预期进行投资选择。

风险资本市场正是通过这一功能，在资本资源的积累和配置中发挥作用的。

风险资本市场是一个培育创新型企业的市场，是创新型企业的孵化器和成长摇篮。

风险投资是优化现有企业生产要素组合，把科学技术转化为生产力的催化剂。

风险投资不同于传统的投资方式，它集金融服务、管理服务、市场营销服务于一体。

风险投资机构为企业从孵化、发育到成长的全过程提供融资服务。

风险投资不仅为种子期和扩展期的企业带来了发展资金，还带来了国外先进的创业理念和企业管理模式，手把手地帮助企业解决各类创业难题，使很多中小企业得以跨越式发展。

问：何为私募股权投资？

三合智慧解答：

私募股权投资（Private Equity，PE），是通过私募形式对非上市企业进行的权益性投资，在交易实施过程中附带考虑了将来的退出激励，即通过上市、并购或管理层回购等方式，出售持股获利。

广义上的PE对处于种子期、初创期、发展期、扩展期、成熟期等各个时期的企业进行投资。

狭义的PE主要是指对已经形成一定规模的，并产生稳定现金流的成熟企业的私募股权投资部分，主要是指创业投资后期的私募股权投资部分，而这其中并购基金和夹层资本在资金规模上占最大的一部分。

并购基金是专注于对目标企业进行并购的基金。其投资手法是，通过收购目标企业股权，获得对目标企业的控制权，然后对其进行一定的重组改造，持有一定时期后再出售。

并购基金与其他类型投资的不同表现在，风险投资主要投资于创业型企业，并购基金选择的对象是成熟企业。其他私募股权投资对企业控制权无兴趣，而并购基金意在获得目标企业的控制权。

私募股权投资基金是推动资本市场可持续发展的力量。

私募股权基金产业的快速发展将为提高金融业的收益率提供新的方法，也为解决民营小企业的金融困境提供有效的途径，打通产业需求和金融资本获利的需求。

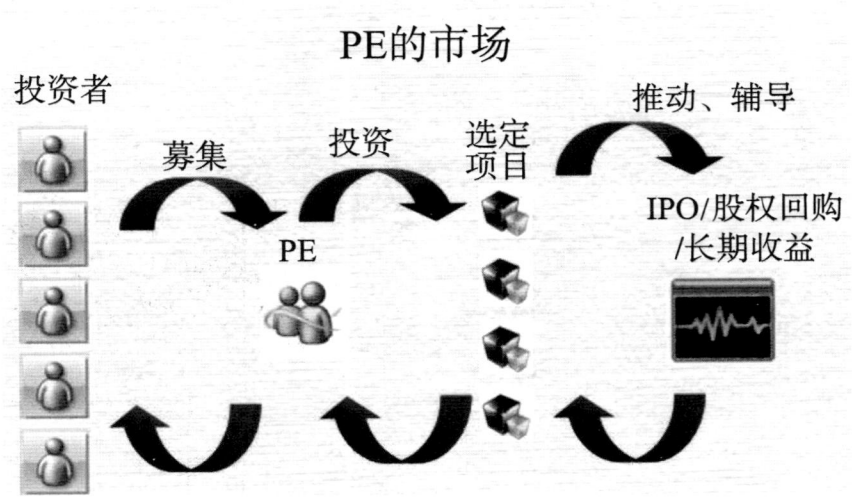

问：PE、VC 及天使投资有何区别与联系？

三合智慧解答：

天使投资是风险投资的一种。

风险投资一般投资额较大，在投入资金的同时也投入管理，并且会随着所投资企业的发展逐步增加投入。天使投资投入资金额一般较小，一次投入，不参与企业直接管理，对投资企业的选择更多，是基于投资人的主观判断甚至喜好。

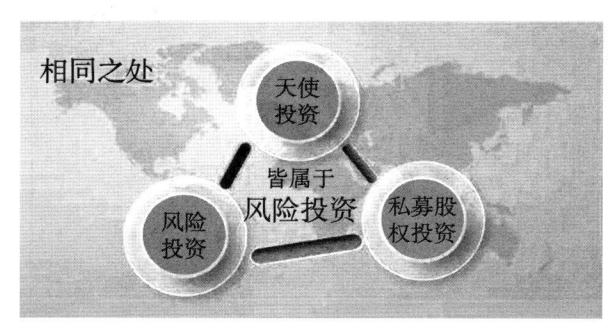

PE 与 VC 虽然都是对上市前企业的投资，但是两者在投资阶段、投资规模、投资理念和投资特点等方面有很大的不同。

区分 VC 与 PE 的简单方式：VC 主要投资企业的前期，PE 主要投资后期。

当然，前后期的划分使得 VC 与 PE 在投资理念、规模上都不尽相同。

PE 对处于种子期、初创期、发展期、扩展期、成熟期和 Pre-IPO 各个时期企业进行投资，故广义上的 PE 包含 VC。

在激烈的市场竞争下，VC 与 PE 的业务渗透越来越大。

很多传统上的 VC 机构现在也介入 PE 业务，而许多传统上被认为专做 PE 业务的机构也参与 VC 项目，也就是说，PE 与 VC 只是概念上的一个区分，在实际业务中两者的界限越来越模糊。

例如，著名的 PE 机构凯雷（Carlyle）也涉及 VC 业务，其投资的携程网、聚众传媒等便是 VC 形式的投资。

问：何为主板？中小板？创业板？新三板？新四板？

三合智慧解答：

主板

主板市场是指传统意义上的证券市场，是一个国家或地区证券发行、上市及交

易的主要场所。

主板是以传统产业为主的股票交易市场股票代码,深圳主板是000开头的,上海主板是600开头的。

中小板

中小板相对于主板市场而言的,中国的主板市场包括深交所和上交所。

有些企业的条件达不到主板市场的要求,所以只能在中小板市场上市。

中小板市场是创业板的一种过渡,中国的中小板市场代码是002开头的。

创业板

创业板又称二板市场,即第二股票交易市场,是指主板之外的专为暂时无法上市的中小企业和新兴公司提供融资途径和成长空间的证券交易市场,是对主板市场的有效补给,在资本市场中占据着重要的位置。

创业板的股票代码头位数是3。

在创业板市场上市的公司大多从事高科技业务,具有较高的成长性,但往往成

立时间较短、规模较小，业绩也不突出，但有很大的成长空间。

可以说，创业板是一个门槛低、风险大、监管严格的股票市场，也是一个孵化科技型、成长型企业的摇篮。

新三板

新三板原指中关村科技园区非上市股份有限公司进入代办股份系统进行转让试点，因为挂牌企业均为高科技企业而不同于原转让系统内的退市企业及原STAQ、NET系统挂牌公司，故形象地称其为"新三板"。

新三板的意义主要是针对公司的，会给该企业、公司带来很大的好处。

目前，新三板不再局限于中关村科技园区非上市股份有限公司，也不局限于天津滨海、武汉东湖以及上海张江等试点地区非上市股份有限公司，而是全国性的非上市股份有限公司股权交易平台，主要针对的是中小企业。

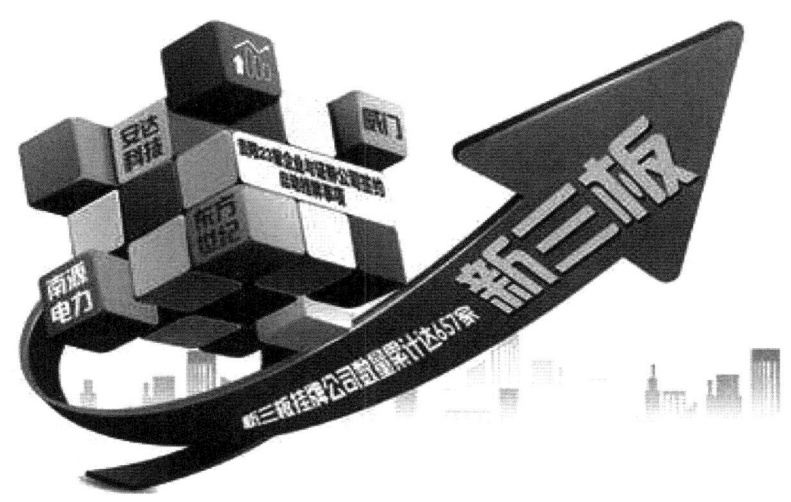

新四板

新四板是为了促进中小企业发展，解决"中小企业多、融资难，社会资金多、投资难"，即"两多两难"问题，中央于2012年允许各地重新设立区域性股权市场，研究并推动在沪、深交易所之外进行场外资本市场试验。

区域性股权市场是由地方政府管理的非公开发行证券的场所，是资本市场服务小微企业的新的组织形式和业态，是多层次资本市场体系的组成部分。

业务范围以债信融资、并购重组为重点，逐步带动股权融资。

业务模式以中介服务为主导，积极发挥投行等中介服务功能，在投融资双方个性化需求匹配中牵线搭桥，设计产品，创新投融资模式。

主要功能如下：

功能一：小微企业培育和规范的园地；

功能二：小微企业的融资中心；

功能三：地方政府扶持小微企业各种政策和资金综合运用的平台；

功能四：资本市场中介服务功能的延伸；

功能五：服务广大中小型、具备成长性有价值的企业；

功能六：解决更多基础层面企业的融资和改制需求；

功能七：为主板市场提供储备。

问：何为企业上市？如何做好企业上市整体统筹工作？

三合智慧解答：

企业上市指股份公司首次向社会公众公开招股的发行方式。

IPO新股定价过程分为两部分，首先是通过合理的估值模型估计上市公司的理论价值，其次是通过选择合适的发行方式来体现市场的供求，并最终确定价格。

2005年，我国股市开始改革，实行保荐制度，即企业能否上市由保荐人决定。但是从现实情况来看，最终决定企业能否上市的还是证监会下的发审委。然而保荐人在推荐时要负法律责任，企业上市后出现问题保荐人也要承担责任。虽然保荐人的责任如此之大，但是最终决定权并不在保荐人手中，这是中国的特色。

此外，中国特色的制度还包括：如果企业不改制成股份有限公司，就不可能上市；如果不达到一定利润也不能上市，从现实来看，创业板至少要达到3000万元，中小板至少要达到6000万元。

企业上市做好工作的整体统筹如下：

统筹一：重视上市筹备小组

企业要想将上市工作落实，就要尽快成立上市筹备小组。上市筹备小组的建立是一件重大的事情，建议由老板亲自领导。

同时筹备小组里面既要有公司各个部门的高层，也要有会计师事务所、律师事务所等外部机构的参与。企业如果没有做好筹备工作，上市就会更加困难。

统筹二：区分创业板和中小板

作为企业家，要了解创业板和中小板的区别。

创业板更强调企业的持续成长性，包括业绩成长性、公司治理、内部控制、资金管理、担保等。

创业板有一个叫法是"两高六新"。"两高"即成长性高、科技含量高;"六新"即新经济、新服务、新农业、新材料、新能源和新商业模式。

中小板相对于创业板而言,在成长性上要求不高,更强调企业发展的稳定性和业绩的成熟性。

统筹三:选择合适的中介机构

企业成立筹备小组后,要开始选择外部合作机构,即中介机构。

国家规定,企业如果没有保荐人、会计师事务所、律师事务所、资产评估公司出的报告就不能上市,所以必须选好合适的中介机构。

选好保荐人

保荐人,即主承销商,是上市小组的组长,这个角色很重要,在上市过程中起协调作用。

如果没选好,企业上市就会比较困难。

承销商的职责有很多,在改制阶段,指导企业改制,辅导股份有限公司的设计、资产设计、业务重组,甚至在法律等方面提出意见。

同时,上市过程中股票的卖出上、市后持续信息的披露也由承销商负责。

企业在选择承销商时,不要选最好的而是要选最合适的,要具体考虑以下方面:有相关项目经验,社会资源和协调能力,历史违规纪录,IPO以后的支持情况,委派工作人员的质量及收费标准等。

选好会计师事务所

会计师事务所和律师事务所的重要性仅次于保荐人。

很多企业被否,问题一般就在于会计师事务所。

会计师事务所的职责是从财务的角度参与改制,协调全过程。企业上市最终所有数据性的材料都出自会计师事务所。会计师事务所要保证最后出来的利润既要合规又要符合资本市场的成长性。

会计师事务所帮助企业改组,改组后具体的建账都要由会计师事务所帮助完成。

另外,盈利预测、财务审计、内部控制评价等都是会计师事务所要做的事情。

选择会计师事务所,具体要考虑以下方面:是否具有证券从业资格,需要注意的是,会计师事务所分为两种,其中一种只能出审计报告,但是没有证券资格,得不到证监会的认可,所以选择会计师事务所要选择有证券资格的。

选好律师事务所

企业在IPO申报专利时的法律状态,即三年之内是否更换过实际控制人,是否存在潜在债务等相关事项都由律师事务所报告。

律师事务所的职责是参与改制,负责发行过程中和发行后的法律事项。

选择律师事务所时,要具体考虑以下方面:是否具有证券从业资格相关的从业经验和业绩,历史违规记录,委派工作人员的素质及收费标准等。

选好资产评估公司

资产评估公司的职责是清产核资、账目调整,采取不同的资产评估方法对资产加以评估。

企业选择资产评估公司时,要具体考虑以下方面:是否具有证券从业资格,业绩能力,委派工作人员的素质及收费标准等。

统筹四:进行改制、改组及制度设计

企业进行相关制度设计和资本运作是进入实际工作的第一步。具体来说,其主要包括股份制改造、资产重组、制度设计。

改造一:股份制改造

企业进行股份制改造,有如下几个内容比较重要:

首先,设立的目标股本总额既要满足公司法的要求,又要符合证券法的要求。

其次,中小板上市发行前不得少于3000万元,创业板上市发行前不得少于2000万元。

再次,股份结构要符合公司法、证券法的要求,发起人持股比例不能太高,过高的大股东的持股水平会导致上市失败。

设立股权机构的好处是,保证企业上市、吸引优秀的风险投资和私募股权投资、留住高管与核心员工。

股份调整有很多方式,如转增资本的方式、分红股的方式、扩股增资的方式、引入风险投资的方式、缩股或者分利的方式等。

规范是股份改造阶段必须遵守的原则。

改造二:资产重组

不但要调整资产结构,还要调整负债结构,其涉及以下具体内容。

资产重组的模式包括:原序整体重组、一分为二、主体重组、合并重组、异地同业重组等。

从现实上市的情况来看,对于中国中小企业而言,用原序整体重组的模式比较合适。

但是用原序整体重组上市,需要剥离与主业无关的部分,因为创业板上市要求企业主营业务突出甚至只经营一种业务。

资产重组的核心原则包括：

一是独立原则，包括业务独立、资产独立、财务独立、人员独立、机构独立。独立原则避免同业竞争和关联交易。同业竞争，就是上市公司和关联公司做同一件事，这会损害上市股东，但是企业要上市就必须要消灭同业竞争。关联交易，就是上市公司和关联股东的公司发生业务关系，虽然在理论上无法避免，但要把握尺度，即关联交易的比例不能太高，要控制在20%以下，另外关联交易的价格要公允。

二是主业突出原则，包括3年内主业没有发生重大变化，至少有一个绝对优势业务占主营业务收入的50%以上。

改造三：制度设计

企业上市前必做的工作，包括设计三个制度：内部控制制度、公司治理制度、股权激励制度。

制度一：内部控制制度

在内部控制制度中，企业要重点把握管理控制制度和会计控制制度。

设计会计控制制度时，出纳和会计要分开，会计又要与财务主管分开，让财务主管保管财务章，让另一个人控制人名章，从而使出纳、会计、财务主管相互监督。

制度二：公司治理制度

公司治理制度是指公司作为一个独立的法人实体，为维护股东、公司债权人以及社会公共利益，保证公司正常有效地经营，以股权为基础建立起来的由法律和公司章程规定的有关公司组织机构之间权力分配与制衡的制度体系。

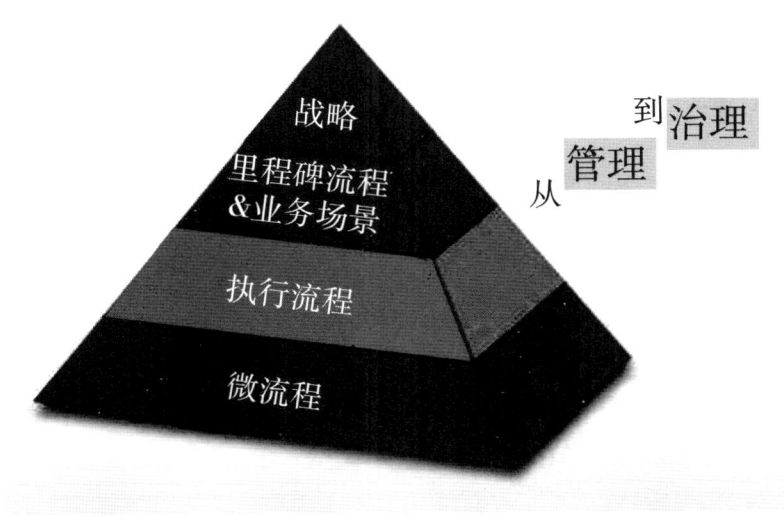

制度三：股权激励制度

股权治理制度中除了股权结构，还要重点把握股权激励制度。

股权激励机制的授权方式有业绩股票、股票期权、虚拟股票、限制性股票、延期收购、管理层持股收购等。设计股权激励制度时，需从以下六个方面考虑：

考虑一：授予价格；

考虑二：激励条件；

考虑三：激励对象；

考虑四：授予数量；

考虑五：股份来源；

考虑六：激励有效期。

为保证股份价值，在进行股权激励时，企业不要以送的方式，而要以卖的方式。

此外，为防止员工带着股份离开公司，企业可采取以下措施：

措施一：设计方案，让股份不可轻易得到；

措施二：买股权的价格与业绩挂钩；

措施三：制定退出激励，如企业可设计一些门槛，假如员工在没有被开除的情况下主动离开公司，公司有权以当初卖出的价格对员工所持股份进行强制性回购。

总之，这些设计既要能够调动员工的积极性，又要能够防止员工持股离开公司。

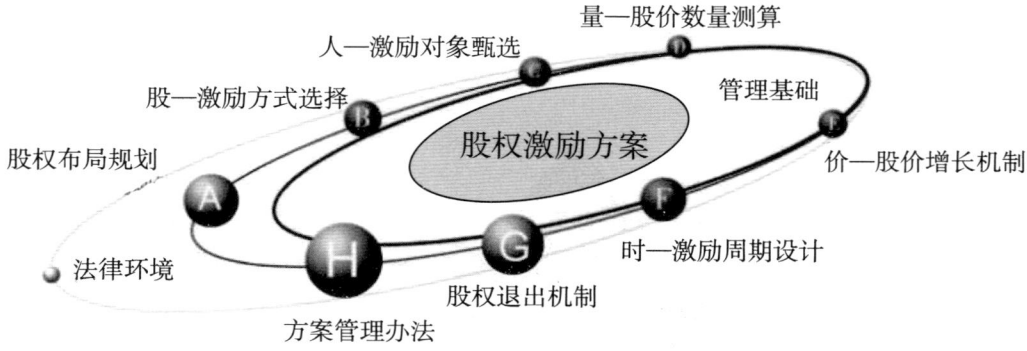

再问：

资本1：为何企业现金流长期不足？

资本2：为何行业内竞争力不足？

资本3：为何企业资金瓶颈无法突破？

资本4：为何你拥有100%股份，企业还是那么小？

第二章　与地合

资本5：为何企业有上市梦想却不知从何处开始？

资本6：为何京东刘强东连年亏损，还能融资200亿？

资本7：为何企业拥有大量可用资金却不懂得投资方法？

资本8：为何真功夫家族内斗把创始人蔡达标送进了监狱？

资本9：为何任正非只有1.3%股份却能让华为成为世界五百强？

资本10：如何选择优质投资公司？

资本11：如何进行应收账款融资？

资本12：如何进行应付账款融资？

资本13：如何进行资产典当融资？

资本14：如何进行企业债券融资？

资本15：如何进行存货质押融资？

资本16：如何进行企业租赁融资？

资本17：如何进行企业装修贷款？

资本18：如何进行专利技术融资？

资本19：如何进行预期收益融资？

资本20：如何进行个人信用融资？

资本21：如何进行企业信用融资？

资本22：如何进行商业信用融资？

资本23：如何进行民间借贷融资？

资本24：如何进行补偿贸易融资？

资本25：如何进行BOT项目融资？

资本26：如何进行项目包装融资？

资本27：如何进行留存盈余融资？

资本28：如何进行产权交易融资？

资本29：如何进行股权转让融资？

资本30：如何进行增资扩股融资？

资本31：如何进行私募股权融资？

资本32：如何进行私募债权融资？

资本33：如何进行资产信托融资？

资本34：如何进行企业保险融资？

资本35：如何进行延伸工具融资？

资本36：如何进行资产流动性融资？

资本 37：如何进行不动产抵押融资？

资本 38：如何进行企业经营性贷款？

资本 39：如何进行有价证券抵押贷款？

资本 40：如何进行应收账款预期融资？

资本 41：如何引进风险投资？

资本 42：如何引进投资时配股？

资本 43：如何处理与风投的股权设计？

资本 44：如何做好上市前的股权激励？

资本 45：如何永远把握公司控制权？

资本 46：如何做股东的退出激励设计？

资本 47：如何做好合伙人的股权设计？

资本 48：如何防止小股东绑架大股东？

资本 49：如何用股权激励企业上下游？

资本 50：如何通过股权解决家族传承难题？

资本 51：如何实现企业零固定成本化？

资本 52：如何建立企业自己的储备银行？

资本 53：如何实现在金融市场游刃有余？

资本 54：如何建立优质的企业信用系统？

资本 55：如何设计一个营利性融资的模型？

资本 56：如何设计适合自己公司的股权结构？

资本 57：如何利用商业计划书轻松股权融资？

资本 58：如何通过股权合理分配吸引 PE 融资？

资本 59：如何避免合伙创业股权分配股权雷区？

资本 60：如何解码资本的六大权益获得超额的收益？

资本 61：如何掌握通过企业以多倍的速度发展的方法？

资本 62：如何运用资本的三种类别全面运营稳健盈利？

资本 63：如何面对企业发展过程中遇到的困惑和瓶颈？

资本 64：如何将银行的盈利模式植入公司实现企业信用最大化？

资本 65：如何配股子公司？

资本 66：如何进行股权重组兼并？

资本 67：股权要签哪些协议？

第二章　与地合

资本68：如何收回分错的股权？
资本69：如何做股权的顶层设计？
资本70：股权要设置哪些防火墙？
资本71：如何避免投资陷阱？
资本72：股权融资有哪些雷区和底线？
资本73：公司估值要参照哪20大标准？
资本74：股东退出协议要包括哪些内容？
资本75：如何重新设计打造家族股权结构？
资本76：如何设计公司集团股权众筹方案？
资本77：如何在公司章程设计中保护创始人？
资本78：如何设计合伙人股权的进入和退出激励？

一转身：

　　带着企业资本的问题，进入《企业领袖三合资本智慧研讨会》，三合智慧团队将与你共同探讨符合你企业的资本方案。

行深一步：

　　企业领袖管理企业的三种境界是什么呢？如何想？如何说？如何干？请进入与人合，从不同的视角、不同的切入点解析三合智慧，以飨读者。

第三章
与人合

优秀的企业领袖都有一套经营管理模式和管理理念。不论何种管理模式，都脱离不了企业内外和谐的状态，也就是与人合的状态。

对于企业而言，与人合在企业上有三种境界。

人合第一如何想？起心动念定结果。人合第二如何说？气质逻辑激情说。人合第三如何干？想说写做省后干。所以说，企业领袖与人合有三大境界，就是如何想、如何说、如何干的境界问题。这也是企业领袖要修炼的境界三大智慧，具体就是《企业领袖三合宗教智慧》《企业领袖三合演说智慧》《企业领袖三合执行智慧》三大智慧。

第六讲
企业领袖三合宗教智慧

宗教为何传承千年而不倒？

为何很多企业会转瞬即逝？

宗教智慧对企业管理有何启示？

宗教智慧在企业中如何落地应用？

对企业领袖而言，宗教智慧是企业家境界提升必修的一门课。

人合第一如何想，起心动念定结果。

问：如何将宗教智慧应用于企业？

三合智慧解答：

宗教智慧是极其高深的，它不是迷信，而是一种至高的人类思想和智慧的凝结。如果能够很好地吸收其精髓，把它应用到企业管理中来，将会给企业发展带来莫大的好处。现结合企业当前的实际情况和未来发展，提出宗教智慧在企业管理中的几个应用。

应用一：经营企业靠一种精神

精神是从内心自然流淌出来的，不需要做给别人看，也不需要外界证明和外界认可的心境。

比如说，你自己心里有崇拜、牵挂的人，你就会默默地不惜一切代价地投入自己的专注和用心。如同父母对儿女的爱，这就是精神。

一个富有生命力的组织，一个企业的真正存在，也不在于它有多大的实体规模，有多大的经济实力，而在于是否具有掌控和引领民众的思想观念，是否具有一种精神存在于民众的头脑和心灵之中。

企业说到底是经营人，而经营人的思想恰恰是企业文化的职能。

在未来的竞争中，企业文化所起的作用会越来越重要，高层管理者在行政上的职能也会越来越弱化，而在精神上的职能则会越来越强，其中最主要的工作就是经营好员工的思想。

因此，从这个意义上来说，深层次的企业文化就像是一种宗教。

企业同样也具有自己的核心理念：好产品，像家人一样体贴，为顾客提供最好的产品。

这就是企业的奋斗目标，也是企业的核心思想和精神所在。

在企业这个平台上，每个人都拿出最真诚的爱，来呵护这个大家庭。一个好的思想如同一个好的灵魂，离开思想的人，将是个没有灵魂的人。

企业所有的行动和作为都是围绕着自己的核心理念去实施的，这种思想和精神就扎根在每个企业员工心中。

那么，要达到这种精神状态，就需要三种渠道：一是拜与被拜；二是救与被救；三是连为一体。

应用二："拜"与被"拜"

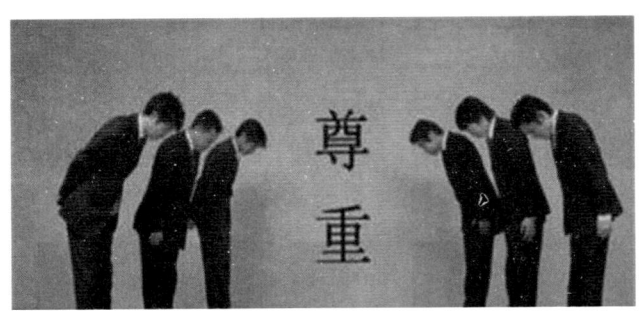

本质上的理解是"敬与被敬"，此处的敬乃敬重之意。

当一个人有崇拜的人时，就会拿他作为榜样，尽量使自己成为其崇拜的人。

对企业也是一样的道理，如果一个领导使得大多数人都信任他，崇拜和尊敬他，相信他一定会找到自己最大的舞台，发挥自己最大的价值，与此同时，他也不能盲目地接受崇拜，更要勇于去敬重他的下属和周边的人。

每个人都有值得敬仰的地方，我们要养成一种习惯：既要敬重他人，也要敢于被他人敬重，任何时候都要避免狂傲自大，只有把自己内心深处的情感挖掘出来后，才能找回本来的自己。

应用三："救"与"被救"

"救"在宗教里讲的是"普度众生"之意，笔者的理解是"帮与被帮"。每个人都需要别人的帮助，同样，我们也可以去帮助别人。

在有文化的企业里，每个人都要找到自己的理想和创造价值。

你为企业工作，做贡献，是帮企业；同时企业为你提供一个良好的创业平台，也是在帮你。说得更明朗一些，就是员工帮了企业也是帮了自己。

企业要想非常健康地生存下去，一定要不断创造价值和财富，只有在行业中拥有强大的战斗力和竞争力，企业才可以存活并发展得更好。

反之，如果每个人都不愿意去承担责任，把责任往

外推,用"多一事不如少一事"的心态工作的话,企业的信誉就会下降,企业的发展信心、心劲也就会下来,久而久之就会被淘汰。

这里的"帮与被帮",是指想要公司给你更多,你就得付出更多。

应用四:连为一体

从宗教的角度讲,整个宇宙最早是一团元气,分开后,轻的就飘到上层变为了"天",浑浊的那团气就成了"地",天和地之间产生了万物,人就是由万物演变而来。从思想文化的角度讲,在这种社会条件下,相应地出现了"百家争鸣"的局面。

但天、地、人是由内因紧密相连为一体的,无法分割开来。

伟大的企业是一个大家庭,为了共同的目标,要经营好这个大"家"。家庭和成员之间也是紧密相连、无法分割的。

只有"家"更兴旺时,家庭的每个成员才会得到更好、更多的价值。

所以企业要有"拧成一股绳"的劲头,与大家连为一体的思想。

以上讲的是精神来源的渠道,其实这种精神是从骨子里长出来的,具体体现在三点上,即天道、师道、孝道。

应用五:天道

天道在宗教里讲的是"自然法则"。

对企业来讲,何为天呢?

"天"就是我们的客户,我们的消费者。

运用自己的"天道"呢?

一切以客户为中心。

每个客户都渴望能拿到最好质量的产品,所以我们的"道"就是痛下功夫抓质量。

应用六:师道

懂的人就是我们的师傅,也就是能者为师。

在日常生活中,我们每天都要接触许多人,每个人都有各自的长处,都可以成为我们的良师益友。

放在企业来讲,就是公司里懂的人就是我们的老师,并非职位高的是师,公司里最基层的员工就不是师。

我们要习惯:当下师为无上师,也就是企业员工业绩或其他表现优良者作为企业全员学习的榜样

因为术业有专攻,也许在某一领域是你的专业,我们就得拜你为师。如同公司里的很多优秀员工,在刚到公司时,肯定也是从试用期开始的,随着经验的积累才到今天的出师。

在这里笔者要强调,为"师"者,不能停留在过去的荣誉、过去的水平上。

在工作、生活中,无论任何事,无论成败,都不妨让它"归零",以

全新的姿态开始另一件事。

所以说，人不能停留在过去，而要不断地挖掘自己，才能不断地赢得尊重。

如果身边的人比自己有能力，就要不耻下问，虚心请教。

应用七：孝道

孝道对于企业来说，可以理解为三方面：

一、对于企业管理人员来讲，怎样去爱护每一位员工，对他们负责任，让每位员工在企业这个大家庭里找到自己的价值，让他们有一种归属感，这是中高层领导需要做到的；

二、对于员工来讲，孝道有两层意思，一是在家里，员工要孝敬父母、尊敬亲人，这个孝道是天经地义的。还要明确一点：大孝是尊严，小孝是陪伴。我们要成为父母的骄傲，要让父母以我们为荣。而不是仅限于陪伴在父母身边。二是在企业，员工的孝道体现在员工对企业的忠诚度上。

员工是否能长时间在该企业工作，并做好自己该做的事情，忠诚度是员工对企业最基本的孝道。

企业的成功仅仅依靠产品和品牌是不够的，整体人员的忠诚度常常像一只无形的手，左右着公司的业绩与发展。

三、对于公司来讲，孝道也体现在公司对老员工的关爱上，那就是公司始终尊重、感谢曾经为公司付出过努力的人们，无论是离开的还是在岗的，公司都真诚地对待他们、衷心地感谢他们、挚诚地祝福他们。

应用八：三道

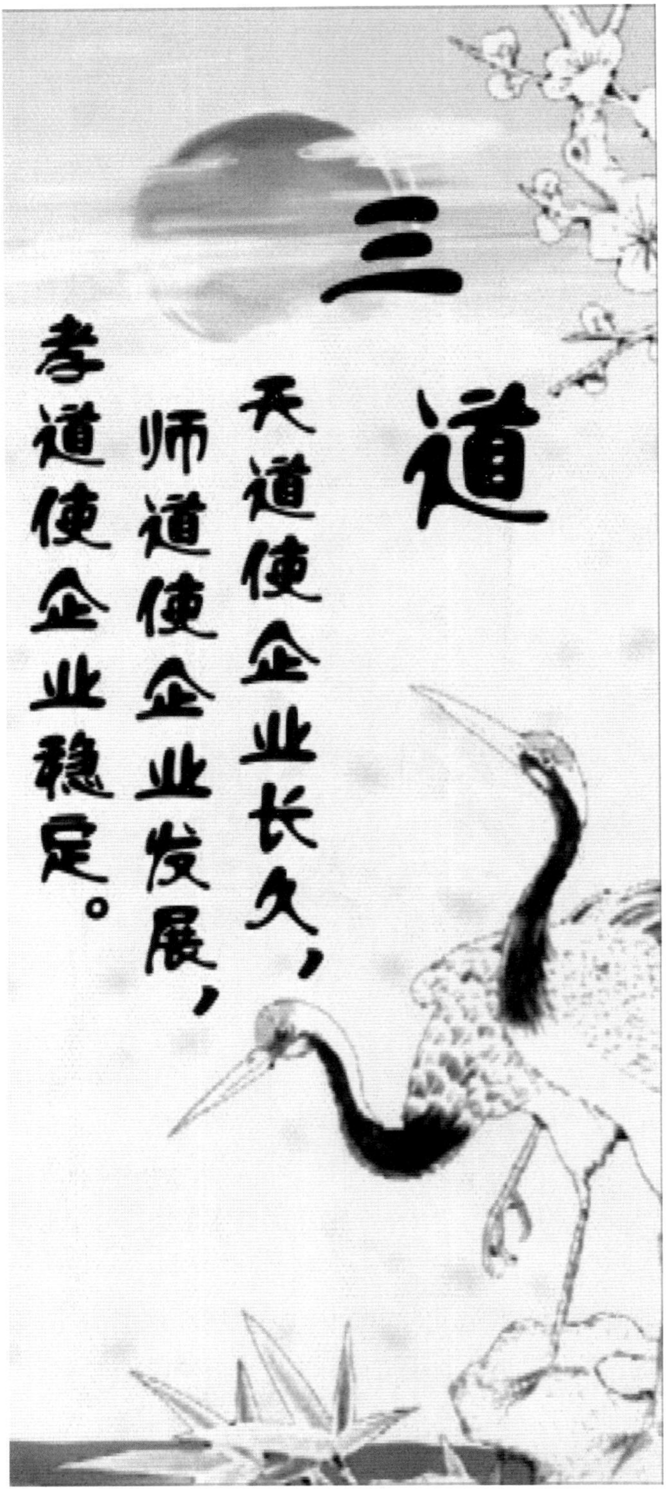

三道
天道使企业长久，
师道使企业发展，
孝道使企业稳定。

天道，可以使公司取得长久发展，师道可以使公司更快地发展，孝道可以使公司更稳健地发展。

宗教智慧应用在企业管理中，是希望所有人都能够用心投入工作，从中收获开心和快乐，更希望通过这样的学习交流，把我们的企业建设得更加美好，真正成为大家创业和实现人生价值的理想乐园。

企业也是有思想的，同样具有自己的核心理念。

一个富有生命力的组织，一个企业的真正存在，不在于它有多大的实体规模，有多大的经济实力，而在于是否具有掌控和引领民众的思想观念，是否具有一种精神存在于民众的头脑和心灵之中。

企业说到底是经营人，而经营人的思想恰是企业文化的职能。

在未来的竞争中，企业文化所起的作用会越来越重要，高层管理者在行政上的职能会越来越弱化，而在精神上的职能则会越来越大，其中最主要的工作就是经营好员工的思想。

应用九:祈祷

老板的祈祷:

(1)祈祷员工早日实现梦想,快速成长;

(2)祈祷员工有主见、有思想、有原则、有梦想的人生;

(3)祈祷员工多劳多得,一分耕耘一分收获。

员工的祈祷:

(1)期待企业能长足发展,自己在企业有更好的平台;

(2)期待和同事们一起共同成长,共同进步。

因此,从这个意义上来说,深层次的企业文化就是一种宗教。

正是这种"感激""报恩"的思想,使企业员工的奉献精神发挥得淋漓尽致,生产已不单单是满足个人物质生活的需要,更重要的是它能给员工这种精神上的满足。

应用十:企业为什么存在? 为谁而存在?

有人说,日本企业就像一个个宗教组织,都具有自己的宗教思想,企业的最高领导者就是教主,他为实施自己的教义,不断向他的教徒传播他的经营哲学,企业员工则是一群宗教的狂热信徒,为维护他们的信仰,可以舍生取义,因此日本企业能够取得令人难以想象的成绩。他们找到了企业为什么而活、为什么而做的彼岸。

因此,宗教对企业管理的启示在于:以出世的精神做入世的事业。就是将彼岸理想及其达成方法(宗教)融入每一天的工作、生活之中,指导自己灵魂的走向,即明确"为什么活""为什么做""企业为什么存在""为谁存在"的概念,然后,再以现世的"工具思维",弄懂"怎样活""怎样做",指导自己在企业的走向,拓展具体的事业,成为一个内外双修的成功人士。

用好宗教智慧,将这个大理念运用到企业管理中来,大家都做企业的精神共同体,都来"拜"顾客、拜第一名、拜元老,塑造企业每一个人的神圣感,从而塑造企业的"魂",这是企业持续发展的生生不息、连绵不绝的动力。

问：何谓宗教五大法门？

三合智慧解答：

法门，佛教用语。原指修行者入道的门径，今泛指修德、治学或做事的途径。佛所说的法，因为是众生超凡入圣的门户，所以叫法门。

正如这样，"法门"一词既可作为佛所说教法的总称，而以"不二法门"总括其教说之绝对性、权威性，又以"八万四千法门"涵盖了重重无尽之个别性，以应众生有八万四千之烦恼的千差万别。

道教中也有对法门的说辞。道教所说的是指众生入道的门径。如"天尊慈悲，大开法门"。世俗引申指一切方法、途径。

本书所讲的法门，是归纳总结出世界宗教所常用的，并且能够拿到企业之中可以借用的法门，概括起来有五大法门：虔诚、交给、敬畏、禁忌、信念。

问："何为"虔诚"？我对待我的顾客有无宗教般的虔诚？

三合智慧解答：

虔诚，本意是指恭敬而有诚意的态度。

虔：恭敬。

诚：诚意。

虔诚多用于宗教信仰方面，如虔诚的信徒也可以当形容词，如虔诚的笑容。

虔诚是纯净的、单一的，是不带任何功利色彩的，是专心致志地、一心一意地进入了一个忘我的境界。

回头看：佛教早课的虔诚

早课是全寺僧众于每日清晨（在寅丑之间，凌晨3点到6点之间）齐集大殿，念诵《楞严咒》《大悲咒》、"十小咒"、《心经》各一遍，在念诵的起止都配有梵呗赞偈。其中，《楞严咒》为一堂功课，《大悲咒》、"十小咒"等为一堂功课，有些寺院这两堂功课轮流念，只有在佛教节日才念两堂功课。

如果在初一、十五，早课之前加唱"香赞"，即《宝鼎赞》："宝鼎热名香，普遍十方，虔诚奉献。端为世界祝和平，地久天长。端为世界祝和平，地久天长。南无香云盖菩萨摩诃萨，南无香云盖菩萨摩诃萨，南天香云盖菩萨摩诃萨。"

如果在佛菩萨圣诞或普佛时，则唱《戒定真香》。

一般寺院平时都是直接从《楞严咒》开始。

《楞严咒》又称为《大佛顶如来顶髻白盖陀罗尼》，出自《大佛顶首楞严经》第七卷。在藏文经典中称为《大白伞盖总持陀罗尼经》，西藏各喇嘛寺院也是每日念诵的。经中说，十方诸佛以此神咒而成无上正觉，诵持此咒有降魔息灾、拔济群苦、制伏外道的作用。

《大悲咒》出于《千手千眼观世音菩萨广大圆满无碍大悲心陀罗尼经》，是观世音菩萨的根本。

《十小咒》

至于《十小咒》的名称与出处，列举如下：

1.《如意宝轮王陀罗尼》，出自《如意轮陀罗尼经》，也是观世音菩萨的佛门之一。

2.《消灾吉祥神咒》，出自《佛说炽盛大威德消灾吉祥陀罗尼经》。

3.《功德宝山神咒》，出处不明。

4.《准提神咒》，出自《佛说七俱胝佛母准提大明陀罗尼经》。

5.《圣无量寿决定光明王陀罗尼》，是元代人所译，没有经本，是阿弥陀佛佛门之一。

6.《药师灌顶真言》，出自《药师如来本愿功德经》。

7.《观音灵感真言》，元代人所译，没有经本，也是观音佛门之一。

8.《七佛灭罪真言》，出自《陀罗尼杂集》。

9.《往生净土神咒》，即《拔一切业障根本得生净土陀罗尼》。

10.《大吉祥天女咒》，出自《金光明经》。

念完咒语后，便念诵《心经》。

然后，维那（寺院中的纲领职事，掌理众僧的进退威仪）起腔唱："摩诃般若波罗蜜多"三遍，再唱赞偈：

"上来现前清净众，讽诵楞严秘密咒，回向三宝众龙天，守护伽蓝诸圣众。三途八难俱离苦，四恩三有尽沾恩，国界安宁兵革销，风调雨顺民安乐。大众熏修希胜进，十地顿超无难事，三门清净绝非虞，众等归依增福慧。阿弥陀佛身金色，相好光明无等伦，白毫宛转五须弥，绀目澄清四大海。光中化佛无数亿，化菩萨众亦无边，四十八愿度众生，九品咸令登彼岸。南无西方极乐世界，大慈大悲阿弥陀佛。"

两序大众出班绕佛，念"南无阿弥陀佛"几百声。接着，转板念"阿弥陀佛"，大众归位，跪下三称"南无观世音菩萨、南无大势至菩萨、南无清净大海众菩萨"。

然后，维那起腔念《普贤菩萨十大愿王》，悦众敲引磬和板：

"一者礼敬诸佛，二者称赞如来，三者广修供养，四者忏悔业障，五者随喜功德，六者请转法轮，七者请佛住世，八者常随佛学，九者恒顺众生，十者普皆回向。十方三世一切佛，一切菩萨摩诃萨，摩诃般若波罗蜜。"

接着，维那起腔念："四生九有，同登华藏玄门；八难三途，共入毗卢性海（接铃鼓）"。大众站起来，维那起腔唱三皈依。接着，如果逢朔望，加念"南无香云盖菩萨摩诃萨"三称。维那起腔，大众跟着木鱼声念"南无护法韦陀尊天菩萨"三称。然后，换成敲引磬，念《大吉祥天女咒》。最后，唱《韦驮赞》：

"韦驮天将，菩萨化身，拥护佛法誓弘深。宝杵镇魔军，功德难伦，祈祷副群心。南无普眼菩萨摩诃萨，摩诃般若波罗蜜。"

如果逢初一、十五朔望的时候，早课完后，顶礼三拜，不问讯，仍然向上立定，维那师鸣磬三声，独自称各位祖师名字：

顶礼西天东土历代祖师（一拜）

顶礼天下宏宗演教诸大善知识（一拜）

顶礼本寺开山暨历代诸祖老和尚（一拜）

顶礼各人得戒坛上十师及剃度恩师（一拜）

顶礼方丈和尚

顶礼完后，仍然站立，维那敲磬三声，然后维那呼："时维佛历××年，公元××年××月××日朔（望）旦良辰，大众师云集大殿普礼三拜"。维那敲三下磬，接三下大钟。

这样，早课全部结束。

再回头看：道教早课的虔诚

道教早课时间从寅时开静起床，卯辰时开始早课。下面列举的是全真派早课用的《太上玄门早晚功课经》，相对应的还有晚课。

上殿登坛

钟鼓三通，道众上殿登坛。器齐鸣，敬香供水，咏唱《澄清韵》，叩拜常清常静天尊，咏唱《吊挂》。边敬香供水，边唱《香供养》。向常清常静天尊敬香供水后，咏唱《提纲》。敬香供水毕，念唱《净心神咒》《净口神咒》《净身神咒》《安土地神咒》《净天地神咒》《祝香神咒》《金光神咒》《玄蕴咒》（八大神咒）。念咒用于净心安神。

讽诵四经以闻经悟道

四部经卷为：《太上老君说常清静经》《太上洞玄灵宝升玄消灾护命妙经》《太上灵宝天尊说禳灾度厄真经》《无上玉皇心印妙经》。用念唱。

诵十二诰以呼唤诸神悟道

从最高尊神——三清开始，逐一呼唤诸神，叩头礼拜。十二诰是《玉清宝诰》《上清宝诰》《太清宝诰》《弥罗宝诰》（晦望日拜弥罗诰）《天皇宝诰》《星主宝诰》《后土宝诰》《南极宝诰》《北五祖宝诰》《南五祖宝诰》《七真宝诰》《普化宝诰》等。

祝愿诸尊神，咏唱《中堂赞》。《中堂赞》与第三道韵腔《提纲》的中段，经文虽不同，但旋律却完全相同。

向十方诸神忏悔，吟唱《邱祖忏文》；

赞颂诸天诸帝，咏唱《小赞》；

礼拜三清天常，念唱《灵官咒》《土地咒》《结经偈》；

再次叩拜三清，咏唱最后一道韵腔《三皈依》。

器管弦齐鸣。

鼓三通，早课结束，道众恭肃下坛出殿。

回头问：

我对待我的顾客，有无宗教徒对宗教一样的虔诚？

我对待我的企业，有无宗教徒对宗教一样的虔诚？

问：何为"交给"？我对待我的事业有无宗教般的交给？

三合智慧解答：

交给就是交付、给予。

宗教徒对宗教的神圣信仰，就是全身心地把自己交给所信奉的教义，身体力行，无怨无悔，幸福快乐。

回头看：佛教信徒的皈依

皈依的意思是：身心归向它、依附它。皈依佛门乃佛教徒之根基入门。

所谓内道、外道之区别在于有无皈依三宝。

皈依为皈投或依附之意，也就是盼望投靠三宝的气力而得到掩护与摆脱。三宝指佛、法、僧。佛为醒悟者，法为教义，僧为延续佛的慧命者。

"皈依"也可以写成"归依"，"皈"与"归"的读音和意义相同。

皈依佛门是正式成为佛教信徒的一个步骤，具体包括参加皈依三宝仪式，然后领取皈依证书，此后就可以居士身份自愿参加定期的佛事活动了。

这和成为基督教信徒要接受洗礼、此后自愿参加礼拜弥撒是同一个道理。

在现实社会中，信仰佛教的人也可在各寺庙中举行皈依仪式。

首先，希望皈依佛门的人，可以去寺庙中与庙中的法师（高僧）交流，与法师讲述希望皈依佛门的缘由。在法师的开导后，法师会判断是否适合皈依。

如若适合，会在不久之后举行皈依仪式。

皈依分为两种。一种即在庙中剃度出家。但法师一般不会建议希望皈依的人剃度，一般都会建议对方皈依佛门，一心向佛，但又不脱离正常的社会生活。皈依后的俗家弟子被称为居士，并颁发皈依证。

寺庙中会给居士指定师傅，并根据俗家姓名取法名。

俗家弟子在正常生活中并不必从事各种教内活动，只需定期去庙中找自己的师傅，接受开导。

由于不少老人都信仰佛教，他们会在儿孙出生时直接将其皈入佛门。

皈依佛门需要拆开分解，皈依：全身心地投入到一种信仰当中。

皈依需要有强烈的向佛之心，要有遵守佛家戒律的觉悟，要有持之以恒的恒心，要有勇往直前，冲破重重阻难，修成正果的决心。

皈依之人，必是心性坚韧，心地纯洁，无比虔诚的教徒。任何心不够诚的信徒，都不能算是完全皈依的信徒。

仪式只能让皈依之人在身份上成为佛祖的信徒，而不是内心，只有真心向佛的人才能达到真正的皈依！

再回头看：基督信仰受洗仪式

受洗仪式是一个宗教用词或信仰用词，指有基督信仰的人的一种仪式，其意表明，该人对基督信仰清楚并相信所信的，再则愿意从世界里分别出来。

归入基督，洗礼有点水礼和浸礼两种，前者是点水在手上并在额头上划十字，后者则是全身浸没在池中。但大多数教派都强调洗礼是作为向基督表决心愿意受洗归主的表示。

"受洗"一词在基督教经典的《新旧约全书》即《圣经》中的马可福音16章16节中出现："信而受洗的必然得救，不信的必被定罪。"

在个别教会，受洗之后的人再次参加信仰活动的时候，女性（被称为姊妹）需戴上黑色小帽子，表明是服权柄的记号。男性（被称为弟兄）则不需要。

通常在大多数教会只有受洗之后的基督徒才可领受"圣餐"。

不论男女都参加主日即星期天的纪念耶稣受苦、受死、复活的活动，并领受无酵饼（喻表耶稣的身体）、葡萄汁或葡萄酒（喻表耶稣的血）作为纪念。

基督徒一般都要接受洗礼。

洗礼是用水行的礼，表明信靠耶稣的宝血，洗去一切罪恶成为圣洁。是表明与主同死、同葬、同活。

奉圣父、圣子、圣灵的名受洗，乃表明承认三位一体的上帝，归入他的名下，有份于他的生命。

具体仪式过程如下：

开场诗歌

快乐日(Happy Day)(见选本诗歌第40首)歌词：

（一）今日何日！我意立定，拣选我神和我救主！
我心欢乐如火荧荧，将此欢乐到处传述。

（二）快乐之约系于我主，唯他配受所有爱敬；
愿我歌唱赞美不住，当我向主宝座前行。

（三）此约既定，永不反悔，主今属我，我也属主；
他既吸引，我必跟随，欢然答应他的招呼。

（四）前我二意，今可安定，让主作我唯一中心；
注定于他，永不别倾，有他就有一切福分。

（五）今在主前立定此意，更愿此意与日俱新；
直到临终双目垂闭，进入永远与他更亲。

（副）快乐日！快乐日！耶稣救我，使我欢乐！
赎罪宝血洗我罪恶！生命活水解我干渴！
快乐日！快乐日！耶稣救我，使我欢乐！

开始的祷告

主啊，我们的元首，为教会舍命的救主，感谢你！今天我们在你和众位见证人面前，为着这些听信福音而做你儿女的朋友们举行施洗的仪式，求你垂临并祝福我们。主啊，是你感动了你的仆人们传道并使这些人相信。主啊你爱他们，你既然感动他们有此意念要加入教会，就求你坚固他们直到永远。并照你的应许保守今天的施洗仪式，使施洗的与受洗的都在你面前蒙福。我们如此祷告是奉靠我主耶稣基督可爱的名字，阿门！

回头问：
我对待我的企业，有无宗教徒对宗教一样的交给？
我对待我的产业，有无宗教徒对宗教一样的交给？

问：何为"敬畏"？我对待我的产业有无宗教般的敬畏？

三合智慧解答：

敬畏是人类对待事物的一种态度。

"敬"是严肃、认真的意思，还指做事严肃，免犯错误。"敬"体现的是一种自强不息的人生态度、有所作为的价值追求。

"畏"指"慎，谨慎，不懈怠"。"畏"彰显的是一种安身立命的言行界限，凸显的是一种有所不为的自省智慧。

敬畏是在面对权威、庄严或崇高事物时所产生的情绪，带有恐惧、尊敬及惊奇的感受，是对一切神圣事物的态度，敬畏自然，敬畏道德才是根本。

敬畏，是人类对待事物的一种态度。

敬畏，是人们在面对具有必然性、神圣性、神秘性、崇高性和超越性的对象时所产生的一种向往与折服的心理态度。

回头看：佛教的敬畏

人类最先的敬畏，是始于对大自然的畏惧，及对于生存的渴望。

这是一种单纯的，从身到心的敬畏，而这其中想象力占了大多数。起大风了，就说风神发；下暴雨了，就说龙王发怒。

所以做什么事都小心谨慎，生怕触犯了天神，得罪了天地。

有了文字，自然有了文化。

因此，各类神灵便更是被人们描述得活灵活现，起先人们还是怀疑的，渐渐地被广为传播，信的人便多了，一百件事里只要有一件事应验了，便会被无遮掩地扩大化宣扬。

这其中，多数是为了让老百姓服从天威，顺从管理。

于是从最初的民间信仰，就变成了帝王的册封。

于是，武神、酒神、财神、书圣、乐神，各类的祖先神人便应运而生，这是时代的产物，是必需的。因为人们需要它。

这时的敬畏心，除了对于皇权的惧怕，更是对于各类神灵的敬仰、依赖和心灵的依托。

儒、释、道三家的文化底蕴，更加使得中华大地在文化、经济、政治、人文各个方面都有了翻天覆地的变化。

这种微妙的变化，使得人们对各式各类的神灵都做了明确的分工、管辖的范畴。甚至从人们模糊的脑海里，逐渐地呈现在传记志史中，将其从头到脚的装束、肤色、表情、装备甚至坐骑都一一显露出来。

真与假，此时无从考绩，更无人有此耐心去考绩。

这时的人们对神灵有了依赖性。

他们被神灵的事迹感动着、感染着，使内心深处多少有些宽慰。知道有德行的人连神灵都钦敬，而道德败坏的人也必将到地府去受苦。

当科技以一种铺天盖地的方式席卷现代文明时，人们开始摆脱信仰，崇尚现实。

神灵就像缠缚在他们心灵深处的枷锁。使得那颗蠢蠢欲动、潜意识中又想挑战道德的心灵，如开闸般的猛兽，得到宣泄。似乎这样，才能体会做人的乐趣。有了把旗的，就不愁冲锋陷阵的。于是真理走上了舞台，神灵被冷淡。

但是真理无法约束人心，于是人们变得疯狂。所谓长幼尊卑，人们已经不再关注。

伦理道德开始淡化并一再地被扭曲。人们已经开始无所忌惮，却又陷入了心灵的极度空虚与恐慌中，失去了自我，找不到灵魂。

佛陀教诲我们：做人要有敬畏心。

敬畏天地，才会保护生态，珍惜资源；

敬畏父母、师长，才会尊师重道，仁义孝顺；

敬畏法规，才会不放纵，危害社会；

敬畏神灵，才会心存愧疚，知道羞耻。

所以，做人要有一颗敬畏之心，否则就是一具披着人皮的行尸走肉，会在无知无耻的行径中，将自己一步步地引入地狱，最终将自己毁灭。

再回头看：基督教的敬畏

《圣经》里有两个名词是常常看到的，一个是"敬畏"，一个是"敬虔"。

敬畏与敬虔有什么区别？

敬畏是指一个人的存心，就是在任何事情上都要敬重神。

敬虔是指一个人的生活，就是在生活中让神彰显出来。

所以"敬畏"是指人的内心，人的内在生命。"敬虔"是指人的外在，是指人的生活。

在基督徒心中，要敬畏上帝，敬畏耶和华，不是要害怕上帝，不是离上帝远一点，不是逃离上帝。敬畏是对上帝的爱，是对上帝的尊敬，是对上帝的顺服。不要认为上帝很可怕。要知道上帝是爱，是圣洁的，是公义的。

以前有一个教堂，有两位牧师在教堂工作，这两位牧师的讲道风格不一样。有一位牧师讲道的时候喜欢讲上帝的审判和上帝的惩罚，他认为这样的信息可以让信徒敬畏上帝，不敢犯罪。

而另一位牧师却喜欢讲上帝的爱，他认为要让信徒明白上帝的爱，提醒信徒不要犯罪亏欠上帝，要敬畏上帝。这两位牧师讲道的信息都很好，但有不同的侧重。

可是，喜欢讲"上帝惩罚"的那位牧师，每次他讲道的时候，信徒越来越少，为什么呢？大家越听越害怕，认为上帝很凶，时刻要惩罚。另外一位讲"上帝是爱"的牧师，每次讲道的时候，信徒越来越多，因为谁都需要上帝的爱。

基督徒敬畏的14个方面：

1. 要喜爱真理——《箴言》1章29节："因为你们恨恶知识，不喜爱敬畏耶和华。"

2. 要远离恶事——《箴言》3章7节："不要自以为有智慧，要敬畏耶和华，远离恶事。"

3. 要恨恶邪恶——《箴言》8章13节："敬畏耶和华，在乎恨恶邪恶。"

4. 要行事正直——《箴言》14章2节："行动正直的，敬畏耶和华。"

5. 生命——《箴言》19章23节："敬畏耶和华的，得着生命。"

6. 产业——《诗篇》61篇5节："你将产业赐给敬畏你名的人。"

7. 所缺——《诗篇》34篇9节："耶和华的圣民哪，你们当敬畏祂，因敬畏祂的一无所缺。"

8. 成就——《诗篇》145篇19节："敬畏祂的，祂必成就他们的心愿"。

9. 全家蒙福——《诗篇》115篇13节："凡敬畏耶和华的，无论大小，主必赐福给他。"

10. 保护搭救——《诗篇》34篇7节："耶和华的使者，在敬畏祂的人四围安营，搭救他们。"

11. 日子加多——《箴言》10章27节："敬畏耶和华，使人日子加多。"

12. 指示道路——《诗篇》25篇12节："谁敬畏耶和华，耶和华必指示他当选择的道路。"

13. 得着平安——《箴言》15章16节："少有财宝，敬畏耶和华，强如多有财宝，烦乱不安。"

14. 得着称赞——《箴言》31章30节："艳丽是虚假的，美容是虚浮的，惟敬畏耶和华的妇女必得称赞。"

回头问：
我对待我的顾客，有无宗教徒对宗教一样的敬畏？
我对待我的产业，有无宗教徒对宗教一样的敬畏？

问：何为"禁忌"？我对待我的产业有无宗教般的禁忌？

三合智慧解答：

禁忌指忌讳、避忌的事物；避免食用某种食品或药物；禁令、戒条、禁止等，是指人们对神圣的、不洁的、危险的事物所持态度而形成的某种禁制。

禁忌本是古代人敬畏超自然力量或因为迷信观念而采取的消极防范措施。它在古代社会生活中曾经起着法律一样的规范与制约作用。

到了今天，许多禁忌随着人们对被禁物的神秘感和迷信观念的消除已经逐渐消亡，但仍有不少禁忌遗留了下来，并且影响着人们的生活。

一般而言，禁忌的是那些违犯社会伦理道德和秩序、有可能制造社会混乱与不安定的言论、行为和思想。是指在一些特定的文化或是在生活起居中被禁止的言语、动作、行为和思想。

禁忌表现在自然界和人类社会的多个方面。它是一种规范自然和社会秩序，防止混乱和崩溃的必需和有效的法则。

自然界尤其是动物界的各种禁忌，是在数十万年、数百万年甚至上亿年的生存竞争中自然形成的，保证了种群的健康生存和进化发展。

如果没有禁忌，动物界的仅仅近亲繁殖和族群没有首领权威两项，就会在短短的几年之内使全部族群覆亡。

人类社会的各种禁忌则是更为复杂和高级的规则。这种规则保证着人类文明的不断进步。

政党、政府、团体、企业都有各自的禁忌，也正是有了这些禁忌，才能使得这些组织得以正常运转，生存发展，进化进步。

回头看：佛教的禁忌
一、对出家僧人的基本要求和禁忌

出家修行是佛教的传统，从印度到中国，都有男、女二众出家，出家修行的两大任务：一是自度，为求得自己的解脱，为证得阿罗汉果而出家修行；二是协助他人和护持众生修学佛法，帮助众生得度和觉悟。出家僧人的禁忌主要有以下几个方面：

1. 饮食方面的禁忌

素食：素食成为汉传佛教区别于其他佛教宗派和其他宗教的重要标志之一，素食的概念包括不吃"荤"和"腥"。

不饮酒：酒能麻醉神经、能乱性，所以要绝对禁酒。不饮酒也包括不饮一切能麻醉人的饮料，包括粳米酒、果酒、大麦酒、啤酒等。能够麻醉神经与分泌系统的各种"毒品"，更是在禁止之列。

不吸烟：吸烟虽然不是五戒范围的内容，但是一种精神依赖的不良习惯和嗜好，体现了一种精神的追求和贪欲，同佛教要求清净无我的境界不相符，因此也在禁忌之内。

过堂：僧人在寺院过集体生活，吃饭要过堂，不能三三两两或个人在住处私自搞小灶，乱做饭菜。过堂是出家人一项重要的仪规和修行生活，是出家团体修行的一项重要制度，作为出家僧众，要坚持进行，不能偏废。

过午不食：这是佛陀在世时的制度，上座部佛教坚持较好。汉传佛教不注重，但近年来也有不少汉僧把过午不食作为自己修行生活的重要内容，甚至有的寺院晚上不开火。

不吃零食：这是佛教对僧人的要求，既是僧人威仪的需要，也是僧人修行的需要。

2. 着装和修饰方面的禁忌

衣服：出家人平时必须穿着佛教规定的出家人的服装。

剃发：又作削发、祝发、落发、净发等，是僧人出家最基本的条件，留发是僧人最大的禁忌。

胡须：留胡须也是佛教的禁忌，出家人皆不得留胡须。

戒疤：香疤，即僧人受戒时在头上燃香烫戒疤，出家人在受戒时，为了表示发菩萨的大宏誓愿，以期难忍能忍，难舍能舍，以燃顶香来显发自己的心迹。

3. 个人生活方面的禁忌

不结婚，不蓄私财，不着香花幔，不香油涂身，不自歌舞，不观听歌舞，不坐卧高级豪华床位，不接受金银象马等财宝，不做买卖，不看相算命，不显示神奇，不禁闭、掠夺和威吓他人，禁止比丘、比丘尼同住一寺等多方面。

二、皈依佛教的五戒十善

无论在家、出家，为了发慈悲心，都要持佛教的戒律，最基本的是"五戒十善"。

五戒：杀生戒、偷盗戒、邪淫戒、妄语戒、饮酒戒。

十善：不杀生、不偷盗、不邪淫、不妄语、不两舌、不恶口、不绮语、不贪欲、不嗔愤、不邪见。

三、居士的禁忌

在家居士，即不出家而信仰佛教、学修佛法的男、女二众，一般将这些信众称为居士。居士的禁忌一般有：

皈依三宝：皈依即身心归向依靠之处，皈依三宝即确信佛、法、僧三宝为自己终生身心依靠之处，学佛者不能皈依佛教以外的其他宗教和神庙。

五戒十善八正道：五戒，即不杀生、不偷盗、不邪淫、不妄语、不饮酒；十善，即不杀生、不偷盗、不邪淫、不妄语、不两舌、不恶口、不绮语、不含欲、不瞋恚、不邪见；八正道，即正见、正思维、正语、正业、正命、正精进、正念、正定。

持斋：在每月特定的日子里实行一种克制的生活，即不涂香装饰，不观听歌舞，不坐卧高广床座。持斋日子一般是阴历朔日、初八、十四、望日、二十三、二十九日。

再回头看：基督教的禁忌

基督教的禁忌集中体现在它的"十诫"中，这十诫在基督教的信仰中具有教义和道德的指导性。

第一诫：吾乃上帝尔主，吾之外勿奉他主。

第二诫：勿造捏偶人，及凡天上地上，土中水间，所有诸物之像，勿敬拜奉事之。

第三诫：勿以上帝尔主之名，以发轻言。

第四诫：记忆以第七日（安息日）为圣日，其六日间任尔做工，营尔诸务，至第七日为尔上帝之主日。

第五诫：孝敬尔父母，则吉祥必及于尔身，而延寿于世。

第六诫：勿杀人。

第七诫：勿行邪淫。

第八诫：勿偷盗。

第九诫：勿妄证。

第十诫：勿恋他人妻，勿贪他人田庄、仆、婢、牛驴等，以及一切凡系他人之物。

另外，基督教还有诸多很重要的禁忌，如：

婚姻应以一夫一妻为原则，并且不主张离婚；

不吃血是基督教信徒生活中一个比较明显的禁忌；

勒死的牲畜也在基督教禁食之列；

教堂内忌衣冠不整，忌大声喧哗；

饭前要进行祈祷；

忌13和星期五；

看相、算命、占卜和占星术（星象学）等也为基督徒所禁止。

回头问：

我对待我的企业，有无宗教徒对宗教般的禁忌？

我对待我的产业，有无宗教徒对宗教般的禁忌？

问：何为"信念"？我对待我的产业有无宗教般的信念？

三合智慧解答：

　　信念是意志行为的基础，是个体动机目标与其整体长远目标相互的统一，没有信念人们就不会有意志，更不会有积极主动性的行为。
　　坚定的信念往往伴随着炽热的感情。
　　也正因为如此，信念总是在感情的驱使下导致相应的行动。
　　信念不是仅仅深藏于人的内心的东西，它总要向外表现为行为和实践意志。
　　信念是人们在长期的人生实践中逐步形成的，其中积淀了一个人多年的生活经验，包含了社会环境对他的长期影响。
　　信念一旦形成，是不会轻易改变的。
　　一定的思想观点成为一个人的信念，除了经过理智上的反复认识和深刻认同，还有感情上的强烈支持。
　　当一个人抱有坚定的信念时，他就会全身心投入到信念所要求的事业中去。
　　精神上高度集中，对自己相信和追求的事业全神贯注，态度上对自己的事业充满高度的热情，而且在行为上坚定不移、始终不渝。
　　信念控制着生命之舟的方向，帮助迷茫者在失落中重新定位。因此，具有坚定信念的人将产生强大的行为动力，即使身处逆境也仍可以扭转厄运，焕发出生命的潜能，从而迈向成功。

佛家有语："有钱也苦，没钱也苦；闲也苦，忙也苦，世间有哪个人不苦呢？越不能忍耐，会越觉得痛苦，何不把苦当作磨炼？"

人的一生，很难保证永远平安无事。天灾从生命诞生初始便如影随形，人祸则与每个人的一生紧紧相伴，不可分离。因此，每个人都要树立坚定的信念。

有一个穷困潦倒的年轻人，身上全部的钱加起来也不够买一件像样的西服。但他仍全心全意地坚持着自己心中的梦想，他想做演员，当电影明星。好莱坞当时共有500家电影公司，他根据自己仔细划定的路线与排列好的名单顺序，带着为自己量身定做的剧本前去一一拜访，但第一遍拜访下来，500家电影公司没有一家愿意聘用他。

面对无情的拒绝，他没有灰心，从最后一家被拒绝的电影公司出来之后不久，他又从第一家开始了他的第二轮拜访与自我推荐。第二轮拜访也以失败而告终。第三轮的拜访结果仍与第二轮相同。但这位年轻人没有放弃，不久后又咬牙开始了他的第四轮拜访。

当拜访到第350家电影公司时，老板竟破天荒地答应让他留下剧本先看一看。他欣喜若狂。几天后，他得到通知，请他前去详细商谈。就是在这次商谈中，这家公司决定投资开拍这部电影，并请他担任自己所写剧本中的男主角。不久这部电影问世，名叫《洛奇》。这个年轻人就叫史泰龙，后来他成了红遍全世界的巨星。

其实，陷入绝望的境地往往是对今后的路没有信心。人常说"绝处逢生"，很多时候，有些事情看起来是没有回旋的余地了，但只要不放弃，很可能就会出现转机。

所以，不论是遇到什么事情，不论事情在现在看来是如何糟糕，千万不要以为没有了办法。也不要因为这次真正的失败了，就因此认为自己确实无能，每一个人几乎都是由不断地失败，再不断地爬起来才到达成功的。每当觉得开始绝望的时候，就鼓励自己再试一次，再试一次就很可能让自己跨越苦难的沼泽地。给自己一个机会，生活的机会才会留给自己。

"自古英雄多磨难，从来纨绔少伟男"，古今中外有许多人都在磨难的泥泞路上留下了自己的脚印。那些立大志、成大事者，都饱受磨难、备尝艰辛而最终为上天所成全，得建丰功伟业。

回头看：身处逆境时，佛家弟子的七个信念

信念一：深刻反省自己，修行是不是做到了至心恳切，"制心一处，无事不办"

"诸佛菩萨没有一刻不想度众生，而众生念念和他们的心愿相违背！"众生念佛的诚恳程度各不相同，所以心力强弱有别，感应也因此而有辨别。法师说：透过知见、胜解，建立对于佛菩萨的功德、本愿、种种化现的信心，再透过念佛，不断修行三昧禅定，就能达成佛菩萨的感应。而在这感应当中，会随着我们的好乐、根性、心量大小、法门而感应到不同层次的佛菩萨功德，而这就完全是众生个人机感所致了。

信念二：行善要长期坚持

按照了凡四训努力去做，用10年、20年、30年的时间，恳恳切切、认认真真地去做，一定会有大效果。所谓："作恶必灭！作恶不灭，前世有余德；德尽必灭。""为善必昌！为善不昌，前世有余殃；殃尽必昌。"

信念三：身处逆境，也许是重罪轻报的现象

大师云：如所说念佛之人，有三宝加被，龙天护佑，此系一定之理，断不致或有虚妄。然于转重报后报，为现报轻报之理，未能了知，故不免有此种不合理之疑义也。

汝等心中所知者小，故稍见异相，便生惊疑。无善根人，遂退道心。倘造恶之人现得福报，亦复如是起邪见心。不知皆是前因后果，及转后报重报，为现报轻报，及转现报轻报，为后报重报等，种种复杂不齐之故也。《涅盘经·师子吼品》说："修习道故，决定重业可使轻受，不定之业非生报受。"但重大定业肯定还要受一些的。佛典中说，以佛力之大，亦难卒灭定业，但也非绝对不可灭，只不过消灭转移的因缘难具罢了。智恺《法华文句》卷十说："若其机感厚，定业亦能转。"肯定深厚的非常机缘和大感应，可转、消定业。

信念四：佛菩萨有一种加持叫作：显感冥应

显感冥应，如现生竭诚礼念，不见护佑之迹，冥冥之中承其慈力，凶退吉临，业消障尽等是也。虽然很精进地修行，但似乎没有明显的感应。事实上，冥冥之中，佛菩萨的加持力已经为你化解了很多灾难。

信念五：恳求佛菩萨可许则许

从前恶业做得多的人，不但今生要受苦报，就是来生也不容易了结。现在因为我们皈依三宝，忏悔过去的罪业，修行种种善事，就能得佛的慈悲保佑，使严重的果报变得轻微一些。

信念六：达摩禅法的"四行"

"四行"是指"报怨行""随缘行""无所求行"和"称法行"，其要旨在于以清净本性了悟佛法以至觉悟之境。初报怨行者，修道苦至，当念往劫，舍本逐末，多起爱憎。今虽无犯，是我宿作，甘心受之，都无怨怼。经云：逢苦不忧，识达故也。此心生时，与道无违，体怨进道故也。二随缘行者，众生无我，苦乐随缘。纵得荣誉等事，宿因所构，今方得之，缘尽还无，何喜之有？得失随缘，心无增减，违顺风静，冥顺于法也。三名无所求行，世人长迷，处处贪著，名之为求。道士悟真，理与俗反，安心无为，形随运转，三界皆苦，谁而得安？经曰：有求皆苦，无求乃乐也。四名称法行，即性净之理也。

信念七：逆缘能够助成道业

佛说：以苦为师。一味的顺境对修行来说未必是什么好事。古人说：从来富贵迷人眼，几人到此误平生！面对逆境，不经一番寒彻骨，哪得梅花扑鼻香？跳出红火坑，做个清凉汉！信愿念佛，一定得生极乐世界。

再回头看：基督徒的信念

基督徒七大信念

信念一：忘记背后，努力面前。

第三章　与人合

信念二：任何时候神都与我同在！
信念三：常常喜乐，这是神的命令。
信念四：去爱、去宽容每个人，因为我需要神的爱和宽容。
信念五：我是神的宝贝，他对我必有计划和美意！
信念六：在地上我是寄居的，我真正的家在天堂。
信念七：没有什么罪是主不能赦免的，没有什么难是主不能胜过的。

回头问：

我对待我的产品，有无宗教徒对宗教般的信念？
我对待我的产业，有无宗教徒对宗教般的信念？

再问：

应用1:"虔诚"在企业中如何具体应用？
应用2:"交给"在企业中如何具体应用？
应用3:"敬畏"在企业中如何具体应用？
应用4:"禁忌"在企业中如何具体应用？
应用5:"信念"在企业中如何具体应用？
应用6:何为"拜"？"拜"在企业中如何具体应用？
应用7:何为"救"？"救"在企业中如何具体应用？
应用8:何为"被拜"？"被拜"在企业中如何具体应用？
应用9:何为"被救"？"被救"在企业中如何具体应用？
应用10:何为"众生一体"？"众生一体"在企业中如何具体应用？。
应用11:何为"天道"？"天道"在企业中如何具体应用？
应用12:何为"师道"？"师道"在企业中如何具体应用？
应用13:何为"孝道"？"孝道"在企业中如何具体应用？
应用14:何为"祈祷"？"祈祷"在企业中如何具体应用？
应用15:何为"忏悔"？"忏悔"在企业中如何具体应用？
应用16:何为"仪式"？"仪式"在企业中如何具体应用？
应用17:何为"依赖感"？"依赖感"在企业中如何具体应用？
应用18:何为"神秘感"？"神秘感"在企业中如何具体应用？
应用19:何为"罪恶感"？"罪恶感"在企业中如何具体应用？

应用20: 何为"神圣感"?"神圣感"在企业中如何具体应用?

应用21: 何为"利益共同体"?"利益共同体"在企业中如何具体应用?

应用22: 何为"荣誉共同体"?"荣誉共同体"在企业中如何具体应用?

应用23: 何为"精神共同体"?"精神共同体"在企业中如何具体应用?

应用24: 何为产品魂?在企业中如何具体应用?

应用25: 何为团队魂?在企业中如何具体应用?

应用26: 何为老板魂?在企业中如何具体应用?

应用27: 何为产业魂?在企业中如何具体应用?

应用28: 何为企业魂?在企业中如何具体应用?

一转身:

带着企业文化、企业精神的问题,进入《企业领袖三合宗教智慧研讨会》,三合智慧团队将与你共同探讨符合你企业文化、企业精神方案。

行深一步:

请进入第七讲《企业领袖三合演说智慧》,从不同的视角、不同的切入点解析三合智慧,以飨读者。

第三章　与人合

第七讲
企业领袖三合演说智慧

企业领袖在公众发言、致辞、讲话、演讲时说什么？

是为了说全吗？为了讲完吗？为了说精彩吗？为了讲幽默吗？为了证明自己吗？

很显然，不全是！

三合智慧演说就是用你的价值和人格魅力，以独到的见解和观点，以听众的大脑容易接受的顺序，用爱的形式向外自然流露，让听众喜欢你、相信你，从而采取行动支持你。

人合第二如何说，气质逻辑激情说。

演说智慧成了企业领袖的一门必修课。

问：何为演说？有哪几种类别？

三合智慧解答：

演说又叫演讲或讲演，是指在公众场所，以有声语言为主要手段，以体态语言为辅助手段，针对某个具体问题，鲜明、完整地发表自己的见解和主张，阐明事理或抒发情感，进行宣传鼓动的一种语言交际活动，大体有如下四种：

演说一：照读式演说

亦称读稿式演说。演说者拿着事先写好的演说稿，走上讲台，逐字逐句地向听众宣读一遍。其内容经过慎重考虑，语言经过反复推敲，结构经过精心安排，话讲得郑重。它比较适合于在重要而严肃的场合运用。如各级党代会、人代会、政协会议等大会报告，纪念重大节日的领导人讲话，外交部的声明等。它的缺点是照本宣科，影响演说者与听众之间的思想感情交流。据说，在英国下院，照本宣读演说被认为是愚蠢的表现。在我国，一般场合采用这种演说方式也不受听众欢迎。

演说二：背诵式演说

亦称脱稿演说。演说者事先写好演说稿，反复照背，背熟后上讲台，脱稿向听众演说。这种演说方式比较适合于演说比赛和初学演说者，可以在一定程度上检验和培养演说者的演说能力。其缺点是不便于演说者临场发挥，容易忘词。所以，运用这种演说方式，必须做好充分的准备，语言尽量口语化，表达自然，切忌有表演的痕迹。

演说三：提纲式演说

亦称提示式演说。演说者只把演说的主要内容和层次结构按照提纲形式写出来，借助它进行演说，而不必一字一句写成演说方式，其特点是能避免照读式演说和背诵式演说与听众思想感情缺乏交流的不足。演说者根据几条原则性的提纲进行演说，比较灵活，便于临场发挥，真实感强，又具有照读式演说和背诵式演说的长处。事先对演说的内容有充分准备，可以有一定的时间收集材料，考虑演说要点和论证方法，但不要求写出全文，而是提纲挈领地把整个演说的主要观点、论据、结构层次等用简练的句子排列出来，作为演说时的提示，靠它开启思路，是初学演说者进一步提高演说水平行之有效的一种演说方式。

演说四：即兴式演说

演说者预先没有充分准备而临场生情动意所发表的演说，这是一种难度最大、要求最高、效果最佳的演说方式，可以根据实际情况，针对听众的心理和需要，灵活机动，迅速调动语言的一切积极因素，口若悬河，生动和形象的感染力是其他各种演说方式都无法比拟的。

使用演说方式需要演说者具有德、才、学、识、胆诸方面很高的修养，具有很强的记忆力、丰富的想象力和联想力、敏捷的思维能力、大量的语言和材料储备。如果不具备这些条件，即使使用这种演说方式，也不会取得理想的演说效果。

相反，往往还会出现信口开河、漫无边际、逻辑混乱、漏洞百出的现象，这样反倒影响了演说的效果。

虽然如此，每个演说者还是必须争取掌握这种演说方式。

问：为何说精湛演说可以让企业具有不可估量的魅力？

三合智慧解答：

企业家应该善用演讲力来提升自己的魅力，用出色的口才提高身价，语言传达的不仅是一种信息，更是一种力量。

作为一名当代企业家，善于运用语言的艺术，不仅对领导活动的顺序开展和

领导目标的顺利达成会产生重要影响，而且对企业家树立良好的个人形象至关重要。

语言是随着为满足表达和交际的需要而产生的，具有社会性、工具性和符号性的特征，其初始形成就是说话。

古今中外的企业家，对语言的功用历来都十分重视。

"一言可以兴邦，一言可以丧邦""一言之辩，重于九鼎之宝""三寸之舌，强于百万之师"等古语，把国之兴亡与舌辩的力量紧密联系起来，借"九鼎之宝""百万之师"强喻说话的力量，充分揭示了语言巨大的社会作用。

马雅可夫斯基说："语言是人的力量的统帅。"

在当今这样的信息时代、文明社会，企业家无论是开会讲话、上传下达，还是交际应酬、传递情感，都需要用语言交流。

衡量一个企业家是否有力量，这种力量能否变现，在很大程度上要看他的说话能力。

企业家精湛的口语表达能力，在实际工作中具有不可估量的魅力和影响。

第二次世界大战时期美国人把"舌头"、原子弹和金钱称为获胜的三大战略武器，进入21世纪又把"舌头"、金钱和电脑视为经济发展和社会进步的三大战略武器。

这个比喻虽有牵强之嫌，但也不无道理，起码代表了两个时代的主要特点，而在这两个比喻中，"舌头"（即语言）能独冠三大战略武器之首，可见其价值非同小可。

因此每一个企业家都应清醒地认识到语言表达能力的重要性，进而更好地掌握这个随身携带、行之有效、战无不胜、攻无不克的神奇武器。

能言善语，是企业领袖的素养、能力和智慧的全面而综合的反映。

虽然，《论语·里仁》中讲：君子"讷于言而敏于行"，但到了今天，这种旧的道德规范就不能不受到质疑和重新审视。

企业家"敏于行"当然无可厚非，只要这种"行"有利于国家和大众，有利于别人和自己的进步，可是企业家"讷于言"，却与现代社会领导发挥职能的需要明显地不相适应。

良好的口才，不仅是宣传鼓动的需要，还是传授知识、增进人际关系的需要。

能言善语，充分表达自己的意愿、准确传递指挥信息，显然更有利于领导工作的开展。

多数老板讲话刻板、干巴、模式化、冗长、没有风趣，甚至在学历高的人群中这种现象更突出。

几乎可以断定，企业老板的口语表达能力不足是普遍性的社会问题。

事实也的确如此，这个问题在中小企业老板群体中也不同程度地存在。

美国著名教育专家卡耐基非常强调口才的重要性，他说："假如你的口才好……

可以使人家喜欢你，可以结交好的朋友，可以开辟前程，使你获得满意的结果。"

有许多著名的政治家都是天才的演说家，他们利用语言这把利器，圆满地完成了各项政治使命。

周恩来、陈毅在风云变幻的国际政治生涯中善于辞令，机智、雄辩，大大提高了新中国的国际地位和声望。

"二战"时期，丘吉尔、戴高乐每一次铿锵有力的演说，都成为射向法西斯的利箭，极大地鼓舞了人们战胜法西斯的斗志。

所有这些都说明企业家具有口语表达艺术，能够创造巨大的精神财富和物质财富。

企业家应该善用演讲力提升自己的魅力，所以，企业家不能仅仅满足于一般的语言沟通，而要善于说话，真正能言善语，这是企业家不可或缺的领导才能。

问：演说稿有何格式？有何主要内容？

三合智慧解答：

格式一：开场白，问候语、自我介绍、感恩、引入正文

开场白最为重要的是要在第一时间抓住听众的注意力，让他们被你的内容吸引并愿意集中精力来听你的演说，目的就是要让听众在第一时间了解你所要演说的主题，并引起他们的思考，这无疑会给你的成功演说打下重要的基础。

格式二：正文，围绕中心思想展开

正文就是我们所要宣传的精华所在，正文内容必须具备以下三点：

第一，正文内容必须具有逻辑性，有铺垫与中心，有详写与简略，可以将内容分段，并做到环环相扣，具有条理性的内容才能让听众容易理解，并一步一步地跟着你的思维走。

第二，正文内容必须具有高潮，当我们将演说内容一步一步地进行着，并将观众带到一个积极的氛围时，我们便要把演说推进到高潮部分，借此将我们的中心思想灌输给听众，并在他们的心理上留下深刻的印象——这便是我们的演说目的所在，所以高潮性内容必须简短有力，并具有说服性。

第三，正文内容必须具有可确信，切忌浮夸的言辞出现，切忌乱夸下海口的各种保障优惠，群众的眼睛都是雪亮的，一味地迎合他们的好处反而会让他们产生猜疑、

怀疑的心理。我们可以在内容里添加一些真实性资料，并将资料与我们的真实情况结合起来，让听众相信我们，并对我们产生可靠的心理。

格式三：结尾，照应开头、深化主题

结尾内容应有总结全文并深化主题的作用，我们可以用精巧的语言来升华我们的主题，也可以用各种巧妙的语法。

例如，引用法、范文法，再次给听众留下好的印象。

至此，一个精彩的结尾就可以将一场成功的演说完美收场了。

问：哪些情愫在有效演说中具有重要的影响？

三合智慧解答：

演说之后，要让听众能想起你和你的内容，就是要燃起听众心中某种情愫，对人最有影响力的四大情愫是：

情愫一：希望
人类为希望而活，你的演说要能让听众充满希望而不是绝望。

情愫二：爱
在听众心中激起爱的力量和渴望。

情愫三：性情
性情是永恒的话题、永恒的力量。激发起听众对性情的渴望。

情愫四：遗憾
任何听众心中都有遗憾，这是他们痛苦的根源。人真正痛苦的是能做到而没去做。

问：做好演说有哪六个绝佳的方法？

三合智慧解答：

有多少次因为会议上演讲呆板的陈述而感到无聊？反之，想想自己的演讲报告有多投入，又怎能确定可以吸引你的听众呢？想表达的意思真的都传递出去了吗？下面就介绍六个绝佳方法，让你的演说更富吸引力。

方法一：发自内心的表达

没有什么比激情更能说服人了——所以，对于你的想法持有激情吧。个人经历和强烈的情感总是比干巴巴的事实和数据更能吸引你的听众。当然，你也可以将你的个人情感赋予数据支持，这样会更好。但是，从你个人开始，你要注意的是怎样将这个经历在和自己产生联系的同时还要和你的听众产生联系。从个人经历延伸到和听众的生活与职业息息相关的报告，是有趣而富有力量的，也最能吸引他们的注意。

方法二：舍弃PPT

用PPT来做演讲报告实属普遍，但这真的是表达你想法的最好方式吗？用PPT的最大弊端是它将你紧紧束缚住了——你不得不按着屏幕上写好的来说。听众们看着幻灯片，根本不需要听你在讲什么。大多数用PPT的陈述报告总是有大量的幻灯片，幻灯片上的信息也过多，这实在枯燥无聊。试着将你的想法压缩成几个点，然后直接表达出来。看着你的听众，对着他们讲话，用少数几张甚至完全不用幻灯片。用你的直接和热情来代替PPT。

方法三：边走边讲

不使用PPT的另一个好处就是你不用一直待在讲台上，不停地按着鼠标。你可以在讲台上来回走动。当你走动时，一定要直视台下的听众，确保与他们有眼神接触。这种方式可以传送出的活力和说服力是躲在讲台后怎样也不可能做到的。

方法四：富有幽默感

许多演讲者对讲笑话总是感到害羞，觉得自己的笑话会得不到任何回应，不过这确实值得一试。听众一般会比较欣赏那些愿意去取悦他们的演讲者，而不是那个在台上做简单陈述的人。仔细选择好你笑话的台词，多排演几次，记个时间，这样你再讲时就能满怀信心了。自嘲性质的笑话总是保险的。开开会场上有名气的几个人的玩笑也是不错的选择，但是之前要先问过他们。还有，和种族、性有关或富有攻击性的笑话则要回避。

方法五：保持简单的语言

告诉听众他们会听到什么，以及听到内容很重要的原因。例如，"我将给出四个要点，这可以帮助你们今年的市场份额翻一番"。接着你就可以开始说了，最后再总结和重复你的主要观点，结尾时的总结要富有力量和激发性。冗长、复杂的报告看起来很高端，但往往引不起听众的兴趣，说完了也没什么可以记住的。优秀的报告会向听众呈现清晰的观点，而这往往富有启发性，富有力量，同时也容易让人记住。

方法六：变换你的音调

许多演讲者在讲话时都很单调——从头到尾一模一样的节奏、一模一样的声量、一模一样的音调。要是你能在演讲过程中变换你的声音，听众们一定更感兴趣。你的音调一定要丰富而清晰——时而大声时而轻柔都是必要的。有时候，最有力的观点可以用非常轻柔的声音表达出来，伴随着听众的呼吸声让他们接受。而一个演讲者最有力的却又常常未被充分利用的武器，就是暂停。适时地运用暂停可以使关键信息达到预期的效果，富有冲击力且印象持久。

问：如何准备好一场魅力四射的演讲？

三合智慧解答：

一场演讲，应该注意如下几个筹备事项。

筹备一：演讲的内容

首先，确立一个明确而精简的主题

很多人在演讲的时候漫天撒网，最后讲完观众却茫然无知，或者毫无收获，这便是因为主题没有确定好的问题。在演讲之初，便需要从大主题当中选取一个小的切入点，作为演讲核心。

其次，拥有简单明确的演讲架构

一般来说，短演讲的架构应该呈现一个逻辑论证的形式，其层次应当是层层递进的，而为了实现这个层次，我们又有如下几种方法。

方法一：提出一个问题作为引入，并结合这个问题进行正反阐述。

方法二：讲一个故事，以故事作为引入，再进行正反阐述。

方法三：方法三与方法二类似，以排比的形式举出多个案例引入，再结合案例进行正反阐述。

总而言之，所有的演讲都应当有符合逻辑的架构，这样才能让观众顺着你的演讲进行思考，从而使观众最大限度地记住你所要阐述的思想和内容。

然后，如何对语言进行润色。

方法一：用观众的语言与观众对话。

很多人在演讲的时候都喜欢用大段大段文绉绉的句子，不知道这是不是高中写议论文所遗留的弊病。然而演讲和写文章不同，它是一个面对面沟通的环节，你需要一些精巧的排比句来提升演讲的文采和气势，但同时你也需要用观众能够听懂的口语与观众交流。

方法二：运用事例，类比、比较。

研究发现，人们对于正反对比往往能留下更深刻的映像，这也是为什么反问句比陈述句更有力量的原因。在演讲中，多采用一正一反的事例或者层层递进的事例更能给观众留下更深的印象。

方法三：适当幽默。

李敖在演讲的开场白中说道："演讲最怕有四种人，一种是根本不来听演讲的，一种是来了去上厕所的，一种是上了厕所不回来的，一种是回来了不鼓掌的。"这样一来，满场鼓掌，气氛也轻松了起来。当然，幽默不是必备的，如果你天生没有幽默感，也不必强求，这只是一种润色的手段罢了。

筹备二：演讲的技巧

在演讲当中适当运用一些技巧，可以为你的演讲加分。

第一，良好的开头和有力的结束

开头自不必说，八仙过海各显神通，然而比起良好的开头更能振奋人心的，则是简短有力的结束。简短回顾各要点，给出听众一些明确的建议，与有力的戛然而止，能够在短短的半分钟之内，给予注意力或许不太集中的听众们最浓缩的精华，这也是达到演讲良好效果的手段之一。

第二，有效的肢体语言

看了《我是演说家》节目的人应该会发现，就算是参加初赛的，讲得并不怎么好的演说者，也会有夸张的肢体动作。可能作为听众你会觉得有些夸张和可笑，但是正因为你去注意他的动作，你也会不自觉地跟上演讲者的思维，这就是肢体语言的重要性。长时间盯着禁止的东西注意力会渐渐分散，而手势的运用就是让你在台上变得动态的一个过程，这也是吸引观众注意力的手段之一。

在这里，我们总结一下什么叫与肢体语言作用相类似的身体信息。

身体信息：

1. 站姿；

2. 手势；

3. 嗓音；

4. 目光。

第三，合理运用你的嗓音

嗓音是人宝贵的财富，而如何合理运用嗓音便显得格外重要。首先，声音一定要洪亮，字正腔圆，最好保持普通话发音的标准。而在这些基本要求之外，还有一些小技巧。比如：

1. 根据内容的重点来调节发音音量；

2. 对句末内容要尤加注意；

3. 适当停顿，以便进一步强调。

我们来举一个例子，如果一句话说——"人是具有与生俱来的权利的，是生来便平等的，更是具有独立思考的能力的。"这句话应该怎么念出来呢？

人（停顿）是具有与生俱来（强调）的权利的，是生来（强调）便平等的，更是具有独立思考（强调）的能力的。

而且由于这个句子是个递进句，每个句子之间语速还应当有所加快，声调有所提高。

第四，进行目光交流

目光交流在演讲中是十分重要的，因为演讲便是将你的思想与他人传达、交流的过程，因此在整个过程当中，目光交流都显得十分必要。

首先，开始讲话前看着某一个听众，这里应当注意看个体，而不是看整个集体。其次，在一段或一句话结束时，与会场中的某一个人保持几秒钟的目光交流。最后，也是最关键的一点，在正常演讲中，注意听众的反应。

筹备三：演讲的练习

演讲中练习的重要性自不必多说。但这里有一条针对演讲新手的非常重要的建议，那就是写逐字稿。

所谓逐字稿，就是在演讲当中，除了正文，把每一个自己要做的动作、语气、眼神等都标注出来，并按照这个稿子进行反复练习和修改，最后达到最佳效果。

问：路演要传达哪八个最重要的信息才能吸引投资人？

三合智慧解答：

作为一个创业者向投资人要钱，要想明白的第一个问题，就是当你去给投资人展示计划书，介绍你的项目时，你要站在对方的角度去想他们最想要的是什么？而不是想着怎么样说得好听去忽悠投资人的钱？这里当然有很多因素，投资人最关注的如有商业模型、财务、核心竞争力，还有未来市场。

怎样的路演才能吸引投资人？

投资人最看中的是你这个人！

整个融资演讲的过程，就是要说服投资人，你就是这个他们即将投资的创业者，会帮助他们赚到更多的回报。

那你怎么能做到呢？

你总不能上去就和人家说："大家好，我是个很棒很优秀的人，给我投资吧！"在你融资演讲的过程中，你只有很短的几分钟。大多数融资演讲的时间，对创投投资大概是15分钟，对其他大概不到30分钟。人的注意力大概会集中18分钟，然后集中力就开始下降了。这是实验的结果，包括TED也一直是这么做的。所以，在18分钟，或者10分钟，更或者5分钟之内，你必须要传达许多特质去说服投资人。在这短短的几分钟之内，你大概要传达10个特质。那么要传达哪些最重要的信息呢？具体如下：

路演第一：激情

你试着想想，创业者的定义，就是要抛弃其他的东西，开始一个新的世界，而且会把自己的心血倾注到这个新世界中的人。所以你一定要传递激情。如果你对自己的公司都没有激情，其他人怎么会对它有激情？别人怎么会投钱到你的公司。所以诚信和激情是两件最重要的事情。之后你还需要许多其他的事情，去充实你要传递给投资人的整体形象。

路演第二：专业

如果你说，你要画出人类基因的图谱，你最好知道基因是什么东西。就是你要有专业知识，投资方不想看到有人说，嘿，我有个特别好的主意，但是我对它一点儿也不了解，我的团队里没有特别优秀的人，我不知道我的竞争者，我不了解市场是什么样子的。这样子的话还有人给你投资就是对方傻。

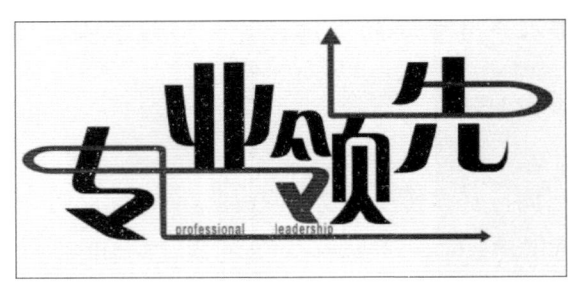

路演第三：市场

投资方要求你要了解你的市场，你要了解你的领域，你要有运营一个公司的能力。这些能力包括技术能力、专业知识。如果是科技公司的话，你还要懂市场营销、管理等。但现实是不是每个人都具备所有的能力。只有很少的人会有运营一个公司的所有技能。所以这里团队显得尤其重要，你懂技术，他懂营销，另外的懂管理。

路演第四：领导力

你要能说服投资者，你或者你的团队拥有经营好一个公司的能力。你要有感染力，还要有自己的管理方式，或者是人格魅力。能够让人们追随你的领导、鼓舞、激励他们成为你团队的一部分。

路演第五：经验

你要告诉他们，"我之前干过这个，做到了什么成绩，有哪些经历"，这代表了你曾经试过创业，创造价值，并且从头坚持到尾。比如说：我之前在百度工作过，负责的项目是某某某，半年做到了产品用户一个亿。这样投资人就会特别感兴趣，这也是什么投资人喜欢投资给连续创业者的原因之一。因为即使你第一次没有成功，但你已经从失败中学到了功课，这些经验会在你第二次开创时很有用。少走很多弯路，减少失败概率？同时，除了曾经开过公司，其他的经验也有帮助。比如说学校组织活动，或者是非营利机构，总之他们想看到的是一些组织经验，而不是听你的嘴上功夫。

路演第六：坚持

你会从开始坚持到最后吗？投资方需要你告诉他，传递给他，你死都要坚持，坚持到最后一口气。愿意拼死一搏，你会让他的钱周转，你会用他的钱去挣更多的钱。投资方可不想自己投资一个一碰到危机就逃跑的人，因为没有什么事情会是一直顺利的。从来没有一个被投资的公司是一帆风顺的，所以投资方想要知道你会承诺坚持到最后。如果创业初期用的是自己的钱，已经小有成绩，这里你会加分很多。

路演第七：视野

当然，你还必须要有视野，你要能看到你公司前面的方向。投资方不想看到一个"我也是其他谁谁家一样"的产品。投资方要找的人他要知道，他们可以改变世界。当然，这要建立在现实的基础上。投资方要知道，你明白尽管改变世界是件很美好的事，但那并不是常常发生的。在你改变世界之前，总会有各种难题，而你要解决这些难题，你要有理性的计划。

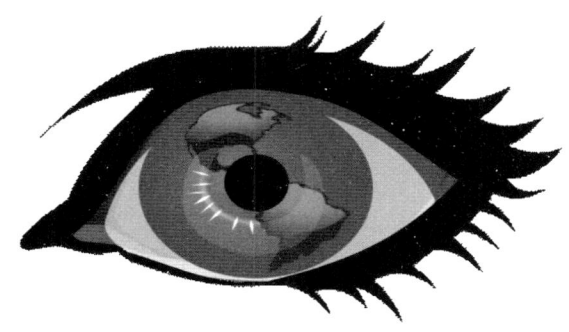

路演第八：诚实

这是非常重要的一点，投资方更愿意投资给或者说在一个诚实的人身上下赌注。而不是一个让他怀疑到你的动机或者有小动作的人。你想想，你会和不诚实的人合作吗？所以最重要的是诚实。除诚实之外，下一个最重要的是什么？

问:以坚定产业信念为主题进行有效演说?

三合智慧解答:

坚定的信念就是持续不断地坚持,信念是内心的动力,是让你按照确定的目标行走的明灯。

信念是指你对某项事物的坚定描述,你所说的话,所做的事,所有的表现,你相信它就像相信自己的性别一样坚定。

你的信念坚定,自然容易获得听众的认可,让听众追随你,跟你一起干。

以信念为主题的有效演要必须明确演说"一个目的"和"三个要点":

一个目的
通过描述自己对产业的坚定信念,从而进一步坚定自己的信念,达到让听众认可和追随的目的。

三个要点
要点一:讲述自己与此产业有关的一个真实感人故事,从而讲出自己的使命感。
要点二:讲述此产业能够为国家和社会做出贡献,是国家扶持的大势所趋产业。
要点三:讲此产业是你后半生的追求,下半辈子会全力以赴,一生只做这件事。

问：以谢字主题的即兴演说模式有何玄机？

三合智慧解答：

任何场合都可以即兴演说，就是以谢字为主题，具体来说有如下五句话：

第一句话：我要感谢某人某事（停顿一秒钟，同时将要感谢的人请上台来或走到他的位置上）。

第二句话：因为有了某人某事，让我有了今天的某结果。

第三句话：如果没有某人某事，我还会像过去一样愚昧、迷失等。

第四句话：所以借用大家的掌声感谢某人某事。

以谢字主题的即兴演说模式四句话的玄机如下：

玄机一：激起听众，让听众也会去帮助人，现场演示只要听众那么去做，以后也会得到今天这样被感谢的回报。

玄机二：被感谢的人会以此为激励，认为你是懂感恩的人，当你有困难时，他会继续帮助你。

问：环境（场）对说话效果有何影响？在演说中应该注意什么？

三合智慧解答：

环境（场）对演说效果有着至关重要的影响。

对于听众而言，环境就是事实，人铁定会改变，就看你在什么环境下。

场一：大场（超过100人）

听众会吸收一个印象。演说者应该自己主动集中印象，如表达合作、智慧、仁爱、梦想等。

场二：小场（100人以下）

听众主要吸收思想、智慧、心理感受。演说者要注重和听众交流、碰撞。

场三：人场（生活状态下的交流），要明了如下玄机

玄机一：真话

一个人的时候说的话，是对自己讲话，一定是真话，所以每天都要与自己进行对话、反省。

玄机二：情话

两个人的时候说的话，交流起来要像情人一样进行交流，就会达到意想不到的效果。

玄机三：友话

三个人的时候说的话，交流起来要像兄弟般进行交流，就会达到真诚交流的效果。

玄机四：酒话

四个人以上在一起说的话，主要是饭局上的交流，酒精刺激下的交流基本上是场面上的话，不必太强调自己的观点，附和一下就是了。

场四：人场（工作状态下的交流），要明了如下玄机

玄机一：员工清醒时

应该以分析问题，讲道理为主。

玄机二：员工没感觉

无工作状态时，就直接告诉他解决方案。

玄机三：员工六神无主时

就说我与你一起面对这个事，一定会解决好的。

场五：谈判场（商务状态下的交流），要明了如下玄机

玄机一：先在非原则的地方做一些让步

玄机二：谈不下去时，可以说：咱们再重新谈一遍

谈判的真正最大智慧是边谈边判断，也就是透过过程洞察对方的走向。

玄机三：撒手锏就是对方的承诺不能兑现时怎么办？必须提出违反此条的严肃处理条款

问：企业领袖为何要参加演说智慧和演说训练？

三合智慧解答：

一个不可思议的演说技巧，有时可能会彻底改变企业的命运，对自己的一次大脑投资，或许可能会神奇地引爆自己的演说潜能……

古往今来，从毛泽东到乔布斯、从柳传志到马云。哪一位成功人士不是出口成章的超级演说家！

光做不说，那是"傻把式"，干得好，更要讲得好，拥有好口才，事业发展就会特别快！

每当会议中轮到自己发言时，紧张，头脑一片空白，被人耳语；

每当朋友聚会总是"吃好喝好"那两句，遭人调侃；

每当众讲话总是面红耳赤，心跳加速，手心出汗，大脑一片空白；

一上台就紧张，舌头打结，声音发抖；

一登台就哆哆嗦嗦，手脚不知往哪儿放，不敢注视听众的目光，越说越快，胡乱表达，常常忘记演讲内容。

台下说话还行，但一上台就磕磕巴巴，语不成句，说了上句忘下句。

台上讲话语无伦次，思维不清晰，逻辑混乱，词不达意。

讲话缺乏感染力，不抓人，说不到5分钟，台下人就开始玩手机，自觉没劲无奈又尴尬……

三合智慧坚信：

只要能说话，就能演讲！

只要会数数，就会演讲！

如果担心自己基础差，学不会，那三合智慧非常负责任地告诉你，这个担心完全没有必要。

 企业领袖三合智慧

美国总统林肯小时候口吃，加拿大第一位连任两届的总理雷蒂安嘴巴畸形，小时候也严重口吃。

三合智慧认为，说话、演讲不是表演，不是唱戏、不是为了说话而说话，好口才是事业的助推器、社交最大的利器，口才的真正目的是"成交"——通过你的好口才，让别人接受和信服你的主张、你的思想、你的观点、你的情感、你的个性、你的魅力、你的风采、你的影响力！

因此演说培训要紧扣"成交"，教程设置中糅合进超级说服术，人性解码，让你的演讲言之有物，有的放矢，无论是在社交、职场，面对领导、下级、同事、朋友皆能攻心为上，直击命门，一学就会，当场见效，顺利"成交"，是为实战！

"只要功夫深，铁棒磨成针"。那是工业时代的成功法则。在信息社会，天下武功唯快不破，方法不对，努力白费，成功一定有方法。而高手和庸才的最大区别在于，后者需要耗费2个月、2年甚至更久的时间才能掌握一门技艺，而前者如果参加一个高水平的培训，则只需2周、2天甚至更短时间就足够了。

回想一下，
你曾经多少次因表达不清、词不达意而痛失生意良机？
多少次在公共场合说话不得体而懊悔不已？
多少次因为紧张，在演讲比赛上仓皇落败、成人陪衬？
还有多少次，面对下属讲话条理不清，威严尽失？
又有多少次，面对旁人的滔滔不绝，只有羡慕？

想想，如果你5年前就拥有了超级演说的能力，那现在的你又会是什么模样？

一次完美的招商演讲，你收获的是什么？

一次精彩的项目推介，你得到的是什么？

一场漂亮的会议推广，你收获的是什么？

与朋友酣畅地交谈，与心仪的她会心沟通，与下属齐心协力，与领导关系融洽……

所以，企业领袖要对自己进行一次演说智慧的大脑投资，掌握一套演讲系统能力，去寻找并参加一些有水平的演说智慧课程和演说训练课程，让自己更具企业领袖风范。

再问：

演说1：你的演说为什么没有引起听众的共鸣？

演说2：你的演说为什么没有得到听众的掌声？

演说3：如何演说听众才愿意听？

演说4：如何演说听众才愿意相信？

演说5：如何演说才能让人触动内心？

演说6：如何演说才能让人感动？

演说7：如何演说才能让人记忆深刻？

演说8：如何演说才能让人难以忘怀？

演说9：如何演说才能令人内心信服？

演说10：如何演说才能让人精神振奋？

演说11：如何演说才能让听众感到舒适？

演说12：如何演说才能让听众感到享受？

演说13：如何演说才能让听众感觉到被爱？

演说14：如何才能做一次精彩的项目推介？

演说15：如何才能做一场漂亮的会议推广？

演说16：如何才能做一次成功的就职演说？

演说17：如何才能做一次完美的招商演说？

演说18：如何才能在招商路演时让人眼前一亮？

演说19：如何说话才能让人喜欢？

演说20：如何说话才能让人相信？
演说21：如何说话才能让人心动？
演说22：如何通过演说提升企业品牌？
演说23：如何以演说的方式感召优秀人才？
演说24：如何演说才能以情动人促进成交？
演说25：如何突破自我快速成为演说高手？
演说26：如何在演说中传达明确的信念给听众？
演说27：如何才能在公共场合讲话不紧张？
演说28：如何让听众记住你讲的内容并产生永久的记忆？
演说29：以聚会为主题的演说有何模式？
演说30：以职场为主题的演说有何模式？
演说31：以商务谈判为主题的演说有何模式？
演说32：以希望为情愫的演说有何模式？
演说33：以爱情为情愫的演说有何模式？
演说34：以遗憾为情愫的演说有何模式？
演说35：以仇恨为情愫的演说有何模式？
演说36：以性情为情愫的演说有何模式？
演说37：适应听众内心需求舒适的玄机是什么？
演说38：适应听众内心需求享受的玄机是什么？
演说39：适应听众内心需求被爱的玄机是什么？
演说40：演说中的入耳玄机是什么？
演说41：演说中的入脑玄机是什么？
演说42：演说中的入心玄机是什么？
演说43：演说中的入神玄机是什么？

一转身：

带着企业演说的问题，进入《企业领袖三合演说智慧研讨会》，三合智慧团队将与你共同探讨符合你企业的宣讲方案。

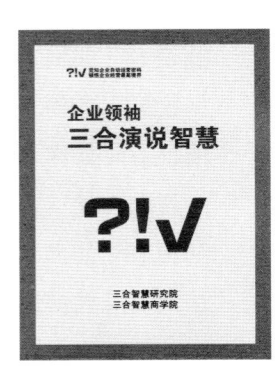

行深一步：

请进入第八讲《企业领袖三合执行智慧》，从不同的视角、不同的切入点解析三合智慧，以飨读者。

第八讲
企业领袖三合执行智慧

人合第三如何干,想说写做省后干。

如果没有出色的执行力,即使有再好的发展战略目标,再高的经营利润率,再好的管理激励,再细的管理制度,也只能是沙盘上的宏伟蓝图,贴在墙壁上的标语,挂在口边的伟大口号,永远不会实现。

问：为何员工执行力不高？有何化解之道？

三合智慧解答：

员工执行力差的主要原因

原因一：员工不知道干什么。
原因二：员工不知道怎么干。
原因三：员工干起来没氛围。
原因四：员工知道干不好没什么坏处。
原因五：员工不知道干好了有什么好处。

化解之道

化解一：讲清楚让他干什么，任务的具体标准是什么。
化解二：教会他怎么干。
化解三：营造出干事的氛围，用环境氛围激励员工。
化解四：告诉他干不好有什么责任，并且事后及时负责。
化解五：告诉他干好了有什么奖励，并且事后及时奖励。

问：引爆员工执行力的三大动力是什么？

三合智慧解答：

激发员工执行力的三大动力是物质需求、荣誉需求和精神需求。

对于激发企业员工动力来说，只有进入人的三大动力要素，才能掌握让人动起来，由此产生动力，具体如下：

动力一：物质的五大需求

人最基本的物质需求：衣、食、住、行、乐。

作为企业老板，有了好的衣服，有了好的住房，有了好的汽车，有了好的美食，有没有考虑和激发员工衣、食、住、行、乐五大方面的需求。

当员工有了强烈的五大基本物质需求时，员工的动力才能被激发。

动力二：四大形式的荣誉需求

荣誉是一种肯定和褒奖，包括：尊重、认可、晋升、奖励。

作为企业领袖，必须要懂得让员工为荣誉而战来激发团队的无穷潜能。

挖掘人才是基础

考核激励是关键

留住人才是王道

动力三：七个方面的精神需求

人的精神需求可以说就是爱的需求，关于精神的需求总结起来就是七大爱：爱父母、爱家族、爱团队、爱单位、爱顾客、爱祖国、爱万物。

问：执行力的三大阻力是什么？如何化解阻力引爆动力？

三合智慧解答：

执行力的三大阻力是：恐惧、懒惰、愚昧，具体如下：

阻力一：恐惧

试问当一个老板心中有恐惧的时候，能行多远？

再试问当一个员工在单位充满恐惧、不安的时候，请问他有多大的能力，能不能完成领导交代的任务？

化解之道如下：

通道一：员工、老板有啥拼啥，没啥拼"命"。

通道二：立即去爱人，才可能被爱，才不会恐惧。立即进入一个爱的圈子、充满正能量的圈子，远离不爱的圈子。

通道三：不怕挫败、立即承担责任。

阻力二：懒惰

多数人天生是懒惰的，都尽可能逃避工作，化解通道如下：

通道一：立即消除故步自封、撞大运的心态，深入探究，持续创新，必把此事探底。

通道二：自己的事情自己做主，不要事事依靠别人，绝不随波逐流。

阻力三：愚昧

不愿意接受新事物，是人世间最大的阻力愚昧！

就如地心引力束缚我们一样，愚昧就这样如影随形，阻碍着我们前行。

化解之道就是立即进入学习的状态、弄懂人心从而运行人心，只有如此才能成为企业的真正主人。

问：提升执行力的两大命脉是什么？

三合智慧解答：

执行力的两大命脉就是：

命脉一：承诺的力量

就像望梅止渴所起到的作用，老板必须要会做出承诺。

通过建立有执行力的管理团队和严格的管理制度，重执行会成为一种优秀文化在企业生根开花结果。

第一:使用正宗原榨花生油——放心;

第二:选用新鲜原食材——自然;

第三:严格高温消毒餐具——安全;

第四:保持洁净的用餐环境——卫生。

命脉二:兑现的力量

如果不兑现奖励和惩罚,员工就不会对所产生的结果负责任。

管理,就是一种相互承诺,优秀的管理者必须先管好自己,及时兑现承诺。

问:培养员工执行力的三大策略是什么?

三合智慧解答:

策略一:培养员工做事勇敢的勇气。

策略二:提升员工做事效率的能力。

策略三:提升员工做事质量的品质。

1. 分工合理
2. 责任清晰
3. 目标明确
4. 方法正确
5. 跟踪指导
6. 奖罚分明
7. 制度为王

 企业领袖三合智慧

问：要提升执行力必须让员工明白的事实是什么？

三合智慧解答：

不会画饼的老板不是好老板，只会画饼的老板肯定是坏老板。

经营企业，经营人生要抓住核心，学习的核心在于激发，要让员工明白如下几个事实，才能更有效地激发员工执行力。

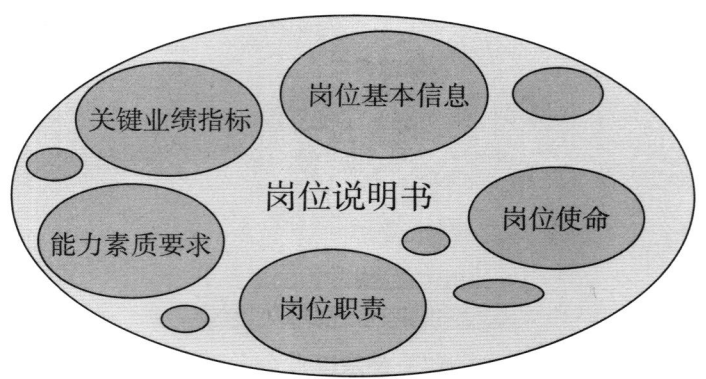

事实一：遇到问题就说是别人的原因，我就立刻原地踏步、不会进步。
事实二：公司请我来就是解决问题，如果公司没有问题，公司请我来干什么？
事实三：白天在公司上班，下班说领导与同事的坏话，就是在出卖的自己灵魂。
事实四：我在享受着公司给我的薪酬和荣誉的同时，就必须承担工作带给我的压力和委屈。

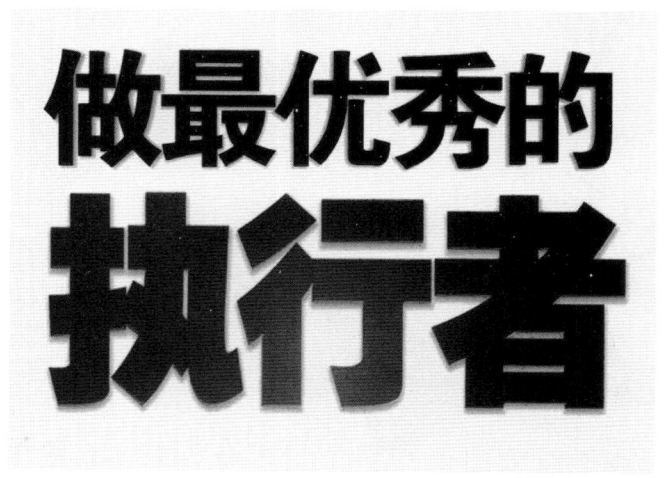

问:激励团队执行力的五大激励是什么?

三合智慧解答:

个人再强大,也只是一滴水。但是,一个优秀的团队就是大海。

打造一个优秀的团队,需要如下五大激励:

激励一:分配激励

唤醒员工的无限潜能,增强信心,让员工心态由被动消极待命转变为主动积极进取。

激励二:及时奖惩激励

一切问题在发生之后要及时奖励或惩罚,否则奖惩的效果就会大大削弱。

奖励过重会使员工产生骄傲和满足的情绪,惩罚过重则会让员工感到不公。

激励三:团队操练激励

战斗是狼的生存基调,这种战斗性予了狼强悍、智慧、顽强的品性,而这正是成功的营销人员必备的性格。

激励四：结果定义激励

结果定义得越清楚，执行就越到位。

无论对老板还是对员工，结果定义都是执行的起点。

企业是靠结果而生存的，我们必须提供结果才能和企业形成真正的商业交换。

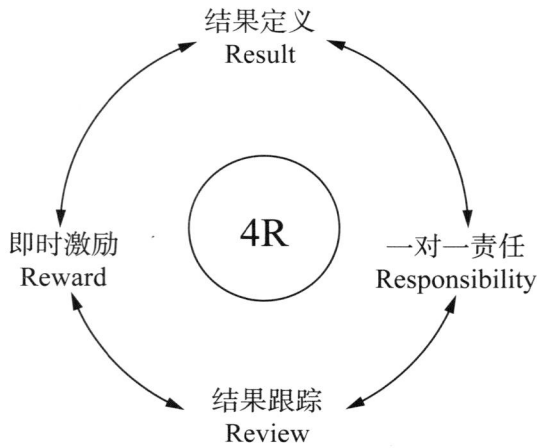

激励五：检查考核激励

老板要明白，公司里的任何事，如果没有考核、检查和监督，就没有管理，形同一纸空文，就会形成做好做坏一个样，做和不做一个样。

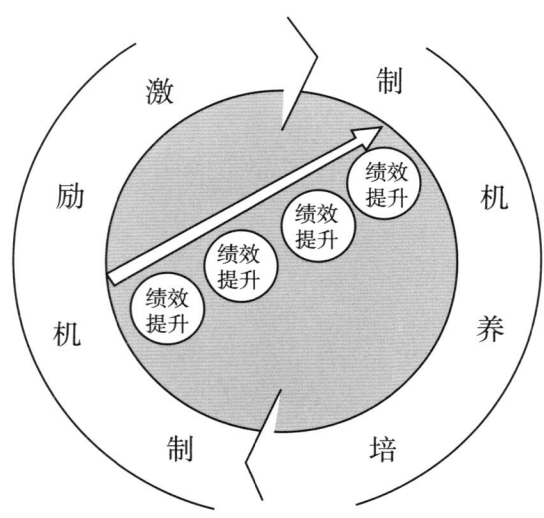

第三章　与人合

问：企业强大执行力的四大原则是什么？

三合智慧解答：

强大执行力的四大原则是：
原则一：复杂的事情简单化；
原则二：简单的事情数量化；
原则三：量化的因素流程化；
原则四：流程化因素框式化。

问：持续让团队有执行力的五字真经是什么？

三合智慧解答：

团队是由员工和管理层组成的一个共同体，团队失去目标后，团队成员就不知道向何处去，持续让团队有执行力的五字真经就是每天想、说、写、做、省，具体如下：
真经一：每天想工作；
真经二：每天说工作；
真经三：每天写工作；
真经四：每天做工作；
真经五：每天省工作。

问："90后"员工执行力的五条真经是什么？

三合智慧解答：

激发"90后"员工执行力的五条真经是：
真经一：重引导，少领导；
真经二：多聆听，少指示；
真经三：讲结果，少说教；
真经四：常激励，少批评；
真经五：多互动，少封闭。

问：员工加入公司想要的三个"账户"是什么？

三合智慧解答：

账户一：薪酬账户
即每月的底薪、提成、奖金。

账户二：发展账户
即公司的未来及与他的关系。作为中小微企业创业者，在创业初期，公司没有足够的钱能够分给团队时，要领导好这支团队，就要想办法多关注员工的发展账户。多和他们谈公司的未来，以及有了未来他会得到什么好处。

账户三：情感账户

即在公司上班的心情与感觉，和员工互动、一起玩、一起吃，无所不谈，上班是上下级，下班就是亲兄弟。

问：提高企业执行力必须思考的十大问题是什么？

三合智慧解答：

问题一：重视策略与重视策略执行同等重要
企业的管理者有很好的悟性，一些策略性的想法很透彻，但在执行过程中却像是一拳打在棉花上，不能落地生根。

如今已不仅仅是策略的时代，也是策略执行的时代。

我们希望通过发掘执行力的基因，帮助这些管理者认识问题产生的根源，形成一种正确的管理思维方式，从而激发执行力。

问题二：明确决策发布者的责任和义务

在企业中，具有最高执行力的，是决策的发布者。

他的责任和义务就是尽可能多地做出正确的决策或者选择下属提出的正确决策。

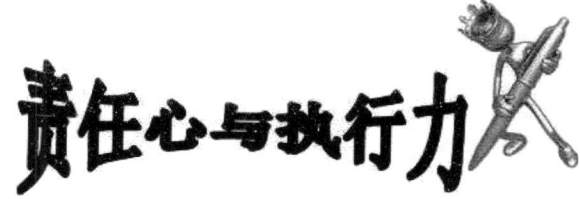

然后把这个决策分成几个合理的部分交给不同的功能组织去完成，这是执行力重要的环节。

问题三：中层必须理解上层决策意图并具有实施的能力

执行力的第二个环节就是中层管理者。

中层的执行力是理解上层决策并组织实施的能力，是将企业目标转化为结果的过程。

中层管理者所处的位置是一条链，上结高层，下连基层，既是上层决策的执行者又是向下的决策层。

拥有一个好的执行力中层可以让决策执行到位产生效率。

问题四：一线管理者及员工的工作就是把决策变成数字，然后把数字变成行动

优秀员工的执行力就是按质、按量地完成工作任务的能力。

个人执行力的强弱取决于个人能力和工作态度，能力是基础，态度是关键。

所以，要提升个人执行力，一方面是要通过加强学习和实践锻炼来增强自身素质，而更重要的是要端正工作态度。

问题五：企业要提高执行力，就必须完善制度

制度问题具有根本性、全局性、稳定性和长期性的特点。

用制度来体现清晰、有效、简洁的工作标准、工作程序、岗位职责、考核标准，进而规范执行力的标准，用制度来克服责权利不对等、信息流通不畅、职责不清、业务推诿扯皮等影响执行力的因素。

问题六：要提高执行力，健全激励是关键

提高执行力，只靠自觉性是不够的，还要有健全的执行激励，从而形成规范持久的执行力。

建立完善的责任激励，是提高执行力的必要手段。

要通过科学设定工作任务和责任目标，不断完善考核的程序、标准、办法，强化经常性的监督，加强过程控制，逐步建立起以科学民主的目标化决策激励、责任制衡的刚性化执行激励、督查考核的制度化监督激励、奖惩兑现的导向化激励为核心的四位一体的目标绩效管理体系。

通过严格、科学、系统的目标绩效管理，将任务目标分解为多个层次，将目标融入各部门甚至是各岗位的工作职责中，将岗位职责细化、立体化，使每个目标层次做到有目标、有措施、有责任人、有时限、有督促检查、有考核评估，形成管理闭环，奖罚分明。

问题七：提高执行力，抓好队伍建设是根本

执行力作为一门完成任务的学问，不是一个简单的管理问题，而是一套提出问题、分析问题、采取行动、解决问题、实现目标的系统流程。

在这个流程中，人的因素是第一位的。

因此，一个团队素质的高低，直接决定了执行力的强弱。

中层干部是一个部门的领头人，是全面提高执行力，狠抓工作落实的关键人物。

要提高中层干部的执行力，增强其示范性和带动力，关键是要抓好中层干部的选拔任用，形成正确的用人导向。

要坚持以发展论英雄，凭实绩用干部，逐步形成一套科学合理的政绩和干部评价制度、标准和方法，全面、科学、正确地评价政绩、认识干部，把想干事、能干事、会干事、敢干事、干成事的员工作为示范从而带动其他人的执行力。

问题八：提高执行力，还要抓好一线员工队伍建设，提高工作能力、工作质量和办事效率

改善、优化、提升员工队伍建立员工的培训体系，加强职业道德教育和岗位技能培训，提高整体素质和业务能力素质引入竞争激励，形成员工能进能出、职务能上能下、收入能高能低的充满生机和活力的用人激励，坚持以人为本，营造团结、和谐的文化氛围，为员工办实事、办好事，改善提高员工的工作、生活环境和条件，保护激发员工干事创业的积极性、主动性和创造性。

问题九：执行力关键点是个人能力和工作态度问题

企业要提升个人执行力不是一朝一夕之功，个人执行力的强弱主要取决于两个要素，一是个人能力，二是工作态度。

能力是基础，态度是关键。

我们要提升个人执行力，就要通过加强学习和实践锻炼，在工作中不断总结，不断摸索来增强自身素质。

端正工作态度，即对待工作，不找任何借口，要时时刻刻、事事处处体现出服从、诚实的态度和负责、敬业的精神。

面对市场经济的大潮，要想立于不败之地，就必须要提高执行力，精心打造这一核心竞争力。

问题十：企业与企业之间的竞争很大程度上就是执行力的竞争

执行力对一个企业的重要作用我们一定要明确，这是做好一切事情最基础的，我们认识到执行力对企业发展的促进作用，现在企业与企业之间的竞争，很大程度上就是执行力的竞争，所以我们如果缺乏执行力，我们就要努力去提升执行力和完善执行力。

企业与企业之间的竞争，在很大程度上就是执行力的竞争。

再问：

执行1：如何做到高效执行？

执行2：如何让员工发自内心地为公司做事？

执行3：如何引导员工不抱怨？

执行4：如何激发团队的动力？

执行5：如何运用阻力铁三角？

执行6：如何排除团队的阻力？

执行7：如何让你的决策快速落实？

执行8：如何让员工做到没有借口？

执行9：如何洞悉团队执行的奥秘？
执行10：如何引爆团队执行的智慧？
执行11：如何有效执行好的战略？
执行12：如何让下属心甘情愿去执行？
执行13：如何培养团队全员做事勇敢的风格？
执行14：如何提升团队全员的做事效率？
执行15：如何提高团队全员的做事质量？
执行16：企业执行究竟难在何处？
执行17：如何培养员工良好的执行心态？
执行18：如何打造一个披坚执锐的团队？
执行19：如何让团队不找借口100%担当？
执行20：如何让公司员工全力以赴地去执行？

一转身：

请带着企业执行力的问题，进入《企业领袖三合执行智慧研讨会》，三合智慧团队将与你共同探讨符合你企业的执行力方案。

行深一步：

如果企业领袖能做到三合的八大修炼，即与天合、与地合、与人合，具体就是与员工合、与顾客合，关注企业领袖身体健康、打造好企业产品、运营好企业资本，提升企业领袖精神境界、提升企业领袖演说能力、提升企业执行效率，则企业领袖的经营管理境界就会自动进入一种与心合的状态。

请进入第九讲《企业领袖心合智慧》，本讲将讲述进入与心合的各种自动通道，以飨读者。

第四章
自动与心合

　　企业成长的历程就是"三合"的过程，获得"三合"就是获得智慧，在做任何事情时，在做出任何决策时都是以"一秒一个德，一步一个印"自动进入良性运营状态，进入一种境界。

　　心合对于企业领袖而言，具体表现就是爱员工就像爱孩子一样，爱顾客就像爱家人一样，爱社会就像爱家族一样自然流淌，就是进入心合，以下心合四十九个通道是企业领袖进入心合的有效通道。

第九讲
企业领袖心合智慧

　　心合就是天地人合一，是指天地是一个大宇宙，人是一个小宇宙，人与天地息息相关，也就是说，人与天地同呼吸共命运，这就是天地人合一的精髓。

　　人与天地的关系就像鱼和水的关系，水变了，鱼就要变，这就是人与天地相应，也就是天地人合一，实质就是"尊重自然，顺其自然"八个字。

　　对于企业领袖而言，进入心合就是与天合、与地合、与人合，在运营企业时，企业的一切人、事均应顺乎规律，达到与员工合、与顾客合、与社会合的和谐发展状态。

　　企业成长的历程就是"三合"的过程，获得"三合"就是获得智慧，在做任何事情时，在做出任何决策时都是以"一秒一个德，一步一个印"自动进入良性运营状态，进入一种境界。

　　心合对于企业领袖而言，具体表现就是爱员工就像爱孩子一样，爱顾客就像爱家人一样，爱社会就像爱家族一样自然流淌，就是进入心合，以下心合四十九个通道是企业领袖进入心合的有效通道。

心合一：找乐

企业领袖怎么才能进入"心合"？

核心点就是要找到经营企业之乐，并持续以此为乐。

找到经营之乐，一切就是享受，如果找到不乐，一切经营就是负担。乐就是喜悦，就是在经营企业过程中充满快乐、充满喜悦。

充满快乐、充满喜悦企业就会发展壮大，在面临困难时，就不会痛苦。

心合二：迷上

找到经营之乐，核心点就是喜欢上、迷上企业的事，进入企业三合的感觉，才能成就一番事业。

过去有很多管理困惑，就是活在"我是老板"的角度上，高高在上。

现在要树立一个新的思路，必须把自己从老板的概念中解脱出来，企业领袖才不会被自己的七情六欲影响，在企业决策判断上才不会走偏。

心合三：大势

企业为何很难突破？

必须问自己：目前所做的事是大势所趋？还是大势已去？

懂得势的人，就是有智慧的人，就是心合的人。

企业领袖在任何时候做决策都是从大势看问题，从大势出发！

从大势出发就是一种科学规划，见势速进，不见势速退！

势到了，事半而功倍！

势没到，你把钱放进去，没了！

心合四：触摸

普通老板离当一个企业领袖的距离既非常遥远也非常近，只要触摸到"三合"的根本，就会进入企业领袖的行列。

企业领袖做决策的精髓是什么？

无数普通老板做决策，都是画地为牢，自以为是，具体就是在与员工对接、与顾客对接上出了问题。

企业领袖要有一个理念，就是所有企业都是通过经营"员工"来经营事业，所有行业和产品都是媒介，都是靠这些媒介把员工和顾客组合在一起。普通老板经营事，企业领袖经营"人"。

心合五：精髓

对于中小企业而言，用什么来激发员工动力？化解员工阻力？

只要这个事解决好，企业的问题就会烟消云散。

对企业领袖而言万变不离其宗，即使千变万化，企业领袖始终独掌乾坤，因为触摸到了企业经营的"三合"精髓。

万变不离其宗
wàn biàn bù lí qí zōng

心合六：应变

为什么会走目前这条路？

为什么会成为现在的这个样子？

在千年未遇之变革中，企业领袖触摸到、体验到了一件事情，整个中国和世界处在一个合的世界，也就是已经进入了"三合时代"。

在过去的时代，普通老板学一套赚钱模式就可以了，但在"三合时代"要学的不是赚钱的模式，而是要学会运用三合智慧运营企业、提升经营管理境界。

心合七：变革

只要企业分配制度没有改变，在外所学习的一切管理知识就都是苍白无力的。

因为企业问题就一个根本问题，让员工为谁干？干完怎么分？

合作伙伴与你合作、员工来到企业，就是分钱分利的问题，名与利的问题。

所以组合一群人来做好企业，首先要把名和利分好。

名和利就像人的左脚和右脚，只有迈开才会进步。

为什么总是累？

因为把焦点放错了位置。

"怎么干"是总经理的事，"怎么分"是老板的事。

普通老板研究怎么"干"，企业领袖研究怎么"分"。

在企业中，老板之所以操心是因为企业的盈亏和自己有着直接的关系。

所以要想让员工操心，就要想尽一切办法让企业和他发生关系，与他有关。因为，多大关系决定多大的动力。

心合八：胸怀

什么叫胸怀？

就是企业领袖能拿出企业的名和利和员工分，就叫胸怀。

具体就是与高管形成精神共同体，分精神；与中层形成荣誉共同体，分荣誉；与基础层形物质共同体，分物质。

对企业领袖来说就是与员工合、与顾客合，也就是"与天合"。

经营"人"的境界就是用一群"合"在一起的人去影响另一群人，而不是老板一个人去影响一群人。这是无数普通老板一生都难以走出的误区。

只想开创自己的未来，但没有开创员工的未来，员工会跟你吗？

只想让员工为老板干，没有设法让员工为自己干，这类公司一定会消失。

企业领袖就是人生格局比普通老板高，因为有多大的胸怀就能有多大的事业，能让多少人操心就能成就多大的事业！

心合九：纲领

企业没有纲领，就没有命脉；企业没有命脉，就无法发展壮大。

创办企业是为了什么？核心就是企业为谁服务？为谁存在？

这就是企业的纲领。

企业领袖明白了这些纲领，所以能很快超越。

普通老板没有明白，所以无法超越。

普通老板天天在解决问题，企业领袖在一系列问题中一日千里。

心合十：顺带

学三合是提升境界，而不是学怎么赚钱。

赚钱的课程满天飞，教你赚钱的模式和激励很容易，但内心没有变，还没有发自内心地想跟员工一起过好生活，没有三合的思维，任何赚钱的模式和激励也解决不了问题。

只要有了三合的思维，企业的所有问题什么都好办，赚钱就会变成顺带。

心合十一：信用

经营企业就是经营信用。

信用本质上就是一种感觉，顾客买你的东西就是凭顾客对企业信任的感觉。

对顾客而言，企业领袖给别人的感觉代表你企业的全部。因为企业品质就是产品品质，产品品质就是企业领袖的品质。

所以，企业的各种问题和痛苦每天都在上演，这些问题和痛苦的一个根本点就是产品品质问题，也就是信用问题，未来的时代就是信用的时代。

心合十二：修为

企业领袖本身有什么样的修为、有什么样的思维，企业就会成什么样。

企业领袖修为大企业就会大，企业领袖思维不一样企业就会大不一样。

具体来说就是企业领袖的信念有多坚定，梦想有多大，理想有多高，企业领袖的人生会就拉到多高，志向有多大，就会有多大的智慧。

所以，一个企业领袖的思维决定了他是什么的企业领袖，成为什么样的企业，这本身就是企业发展的规律。

企业领袖的思维是学不来的，必须是企业领袖体验到"三合"的价值和意义，然后全员体验到，之后不断修正而成。

心合十三：感觉

为什么有些企业长不大？发展不了？

因为就是普通老板想赚点钱，想过自己的小日子，没有使命、没有梦想。

所以当有点钱了，劲儿就没了，企业也就停止了。

为什么普通老板的力量很有限，是因为他们满足了，力量源泉枯竭了。

根本上就是没有三合的思维。当心中那个当初创业的感觉没了，普通老板就变成了目前的这个样子。

要想成就更大的事业，必须找回当初创业的感觉，不忘初心、方得始终，进入"三合"的感觉。

心合十四：造福

中国的很多老板在喊要将企业做强做大，可是总做不强、做不大。

回头看，全世界伟大的企业，有没有一个是因为一味追求做强做大成为伟大的企业的？

绝对没有！

所有世界大企业能成为一流企业，刚开始创业，没有一个是考虑做强做大，他们只考虑用产品让顾客幸福起来，结果他们成就了一番大业！

心合十五：志向

不管是什么人，自己的学问永远超不过自己的志向。

没有增加志向想获得智慧，想获得三合，怎么可能？

你的志向是想帮三百人、三千人、三万人过上好生活，你心中就会做梦都能梦出来经营三万人的智慧。

如果心中就是想装自己，谁教也学不会驾驭三万人的智慧。

心合十六：有魂

为什么当初创业时，能不断发展、能不断调动员工的积极性，遇到各种困难也停不下来？

因为，当时是发自内心地去解决这些问题，用心去做好一件事情，而现在，要用一个心去做好N件事情。

如果用我们的产品让人生活得更幸福，用我们的产品让顾客生活得更美好，做好N件事情也会自如，这就是企业领袖的魂。

这个心一旦恒定，企业怎么都不会消失，最多是这一两年少赚点钱，但三年后很快就会突然发展，还会裂变！

企业的灵魂就是企业的文化、企业的核心价值观，你卖什么东西不重要，你做什么服务不重要，你有没有一种正能量的价值观，这个企业的核心价值观最终会变成支撑企业的核心竞争力。

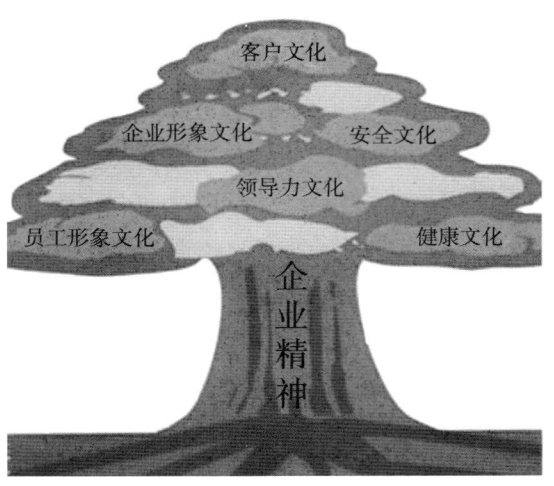

心合十七：欣赏

中国的中小企业要想获得持续稳定发展，必须解决的就是经营企业的社会氛围，也就是进入商业文明社会才能实现。

换句话说：社会各组织比较欣赏、不再小看咱们，认可咱们时，咱们的企业才能获得长足发展、才能真正强大。

企业领袖就是欣赏自己、善待自己，照亮别人。

心合十八：扎根

为什么很多企业都长不大？

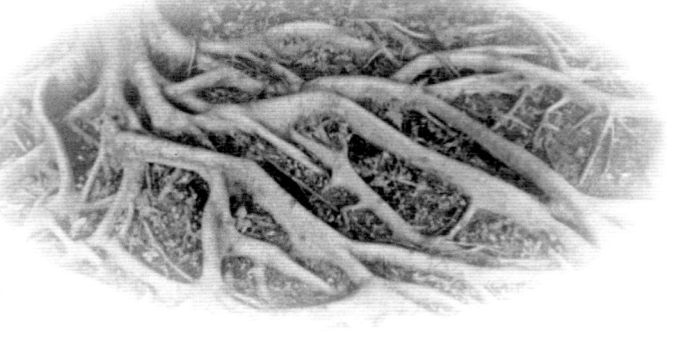

就像种树一样，无数老板都一心往上长，天天搞策略、天天搞业务，从来不往下长、不做企业文化，结果上面不断长、下面没有扎根，如水中浮萍。

三合企业则不断扎根，只要根深蒂固，上面不用规划，三合企业就会不断地生长。

每一种创伤都是一种成熟，每一种经历都是一种财富。不论经历的是痛苦抑或是美好，是成功抑或是失败，只要经历了就是一种收获，就是一种扎根。

企业领袖要明了一个观点，企业要发展就必须立即开始往下扎根，做好产品、做好激励、做好规划，一个核心点，就是实现自我造血功能，才能不断地生长。

心合十九：内求

企业发展慢，就是因为一味地向外求。

当向内求的时候，会立刻发现一个新的市场，在那个市场里面，看见了希望，然后就会无限延伸，无限进步、如日中天。

在企业领袖眼中，所有员工都是完美无缺的，而普通老板所体会到的是员工的缺憾和不完美。

企业领袖向内求就是即使在最低落的时候，在自己的心中，点燃过的火光始终是点燃的，永远不会熄灭，而且会随着当下发生的事件去点燃更多的心灯。

心合二十：拜师

普通老师和三合老师的区别，就在于普通老师把学员带进知识的海洋，让学员

更加不知所措。三合老师则是带着合的智慧，进入学员的精神世界，看学员缺什么，就给补什么，然后让学员自动生发，成为自己的老师。

普通老师让你明白；

三合老师让你醒来。

普通老师是在你心里不断地装什么；

三合老师是让你心里不断地生长出什么。

心合二十一：思维

很多老板都在学习《孙子兵法》。

学习《孙子兵法》的关键点是什么？

关键点就是学会孙子是怎么写出《孙子兵法》。

一转身：

用孙子写《孙子兵法》的思维写出经营企业的兵法。

任何MBA教程、任何经典教材、任何成功案例都是总结了那个企业当时的情况，并不能给你经营企业的真正智慧，企业领袖要用自己的经历来沉淀经营企业的智慧。

心合二十二：当下

心合企业就是把当下员工变得积极向上，变得如同自家人一样关心企业。

心合的结果就是无数人都变得当下辉煌，当下变到最高境界。

在这种情况下，就会产生当下的拉动力，过去员工有业绩，我们只是奖励他，心合员工就是要超越他。

所以当下员工第一名就是当下企业的师，当下师为无上师，要像对待世界冠军一样对行待企业员工的第一名。

任何领域超越我的人都是我的老师，当把这个作为师的理解和师道的时候，我就会一日千里，无限超越。

心合二十三：意志

人生难免有挫折，要想克服困难，战胜挫折，就必须具备一种重要的心理品质，叫意志力。

对于企业领袖而言，什么是意志力？

就是有自我引导的精神力量，就是以三合思维和境界自我引导，使企业一日千里、波澜壮阔。

意志力是人的最大力量，所以，磨砺意志是通向成功的唯一途径。

真正意志力就心合的自己完全执行自己的命令，谁有历经千辛万苦的意志力，谁就能到达成功的彼岸。

心合二十四：总结

不管什么样的成功案例和失败案例，也没有每天在企业发展过程中上演的故事中的智慧和玄机多。

MBA教程中经典的案例只是总结了当时的企业内外经营环境和经营智慧，所以任何MBA典籍和老师都是参照。

第四章 自动与心合

心合二十五：沉淀

企业领袖参加学习的核心点是什么？核心点就是要向谁学习？学习什么？为什么学？

为什么我们愿意看书，愿意上课？

因为看书、上课比较简明，直接听老师的总结。

所以要明白，别人沉淀的东西就是知识，自己从优秀企业与自我企业对接的东西就叫智慧。

心合二十六：方向

企业领袖参加学习是引发自己对企业发展思路和方向深入思考，而不是单纯为了学习知识。

而当下普通老板参加学习受很多结论的影响，为了学习知识或找点人脉，这是普通老板的悲哀。

许多普通老板到外学习参加各类课程，却不知所去为何？到头来发现成功的阶梯并不在于学习什么，而在于选择什么，在于向谁学习？

心合二十七：上演

智者无惑、勇者无畏、仁者无敌。

走进心合，你会发现所要的一切每天都在上演。

我们所困惑的所有问题都会找到一个现成的案例。

昨天刚刚有企业处理与你同样的事情，我们只需要进入，就会发现一个波澜壮阔的世界，在其中我们不会再困惑，之所以困惑是我们心合还是未心合。

心合二十八：交给

想成就事业，就得来真的！

为什么不能获得？

没有获得就是没有交给，就是没有来真的。

普通老板的问题就是想要但是不愿意，不愿意把自己交给这件事。企业领袖能把自己交付给事业，愿意把自己交给这件事。

心合二十九：相信

企业领袖要向宗教学习什么？

这一条必须学习，就是让员工相信、让顾客相信。

经营企业、经营团队，企业领袖要从相信开始，一切从相信开始。

世界上最难的事情就是让人相信，一个销售员相信产品，他销售就有感觉，企业领袖相信产品，他就视产品为孩子一样，所以没进入人合这个状态，我们都在用体力做事，最多是用脑力在做事情，这些最多在市场上混个人样儿。

心合三十：共同

普通老板真正想进入事业，就必须进入那种超越大脑的精神世界，也就是心合的状态。

企业领袖还能拼命做事很显然是为了精神，所以企业领袖是要和高层实现精神共同体。

心合三十一：传承

企业领袖是老板和员工一起完成一个伟大的事业。

我们都知道，流传千古的是精神。

实际普通企业没有精神，结果只能流传物质，不能传承。

一个企业把娱乐明星当成企业文化、当成企业精神，花几百万，甚至几千万将明星照片挂在公司的文化墙上，这是多么悲哀的事情。

有什么东西能大过企业的精神,中华传统文化用于企业经营,我国企业才有真正的企业文化和企业精神。

心合三十二:流淌

一个真正的企业领袖,做事不需要证明,不需要回报,也不需要解释,是发自内心自内而外地流淌,如爱孩子不需要思考,爱父母不需要思考一样。

心合三十三:找回

三合不是能激发什么,但是有一个,能让我们找回来,因为大家都有,我们把他忘记了,生命中最值钱的东西,就是"合"的智慧,我们慢慢遗忘,然后拼命去学一些赚钱的东西,天天在找钱的路上,结果普通老板就缺钱。

心合三十四:助人

普通老板迷失,就是因为没有精神,没有精神一切终将散去。

今天你是企业领袖、是企业家,要进入心合就必须以企业的方式助人,以企业的方式爱国。

普通老板经营失败就是把偶然成功当成了必然成功。

企业领袖学习智慧,就要回到三合的智慧,进入自动与心合的状态。

心合三十五:活泼

企业领袖必须向天学习,学习天的精髓就是两条。

　　第一条是企业要活泼,就是员工是活生生、有活力的、积极向上的。
　　第二条是企业是持续活泼的,就是员工是持续活生生、持续有活力的、持续积极向上的,从而影响顾客活生生、有活力的、积极向上的。
　　太阳数亿年持续运行,它不会运运停停,就是因持续互生裂变。普通老板就是停停走走,走走停停。企业领袖就是从来不停,像太阳一样持续活泼、活生生、有活力、积极向上地工作。

心合三十六:持续
　　普通老板思考一下停一下,行动一下停一下,所以走走停停无法与天合。
　　企业领袖和别人不一样,他会持续与天合,与天合的就是像天一样存在,就是持续用激励让员工积极向上有前途,用产品让顾客过上好生活。

心合三十七:引爆
　　企业领袖生命的意义不在于企业有多大、钱有多少,而是在于在哪儿显现企业的意义。
　　事实上,凡是企业领袖都是在追求一个真实、一个简单、有意义的存在而已。所

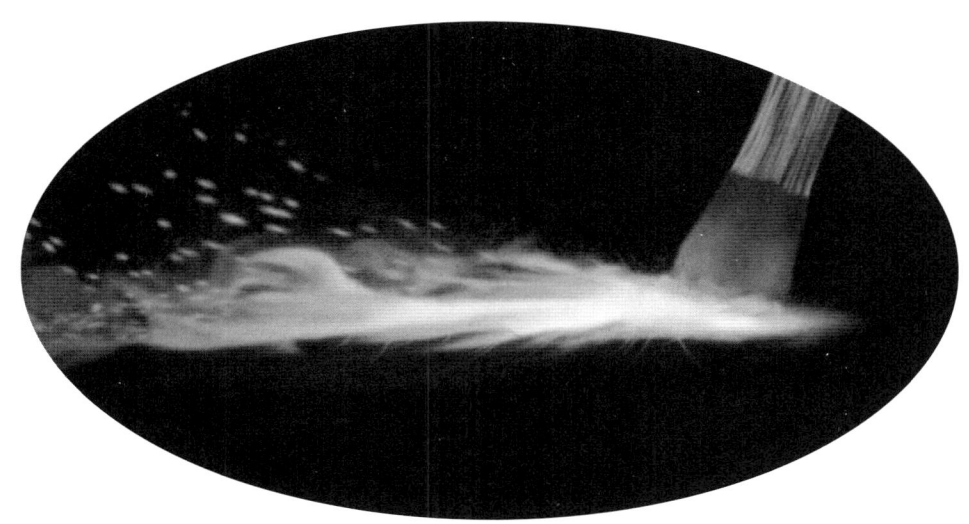

有成大业者只是显现真实状态,就是"三合"状态。各种成大业者,只是此生命在三合上进行引爆。

对于企业领袖而言,所有这些都是与生俱来的,只是我们不知道而已,三合是把你带到你要去的地方,不是把你带到别人认为你要去的地方。

心合三十八:痛苦

你有发现普通老板多么痛苦吗,他遇到企业经营的各种难题,很难受,他不想难受,他想让自己不难受!所以就骂员工以缓解自己的难受。

普通老板最大的痛苦就是想让经营企业过程中没有痛苦,但这怎么可能呢?

企业领袖明白经营企业就是痛并快乐着。

企业领袖明白飞蛾在由蛹变成幼虫时,翅膀萎缩,十分柔软,在破茧而出时,必须经过一番痛苦的挣扎,身体中的体液才能流到翅膀上去,翅膀才能坚韧有力,支持它在空中飞翔。

企业领袖就是走过世间的繁华与喧嚣,阅尽世事,然后明白:痛苦是人生必须经历的过程,更是一种享受。

心合三十九:融入

发现一个现象,就是企业领袖活着比较自如、比较自由,他就是实实在在地工作、快乐地生活,他到哪里都把自己当成平常人。

企业领袖走进课堂,他明白该当学生的时候就当学生,不该露面的时候就好好地听课、融入课堂,处处与人合,让人看不出来,这就叫企业领袖。

心合四十:真实

企业领袖就是在精神上自由飞翔,回到真实状态。

当企业领袖自由飞翔、回到真实的时候,别人就会跟他一样真实存在,他真实了,别人也就真实了。

真实首先是一种胸怀,能真实的人让字当头,凡事以和为贵、让人一步。

自由自在地真实,只要不设限,就会显现无限生机,一切在于真实。

心合四十一:真话

在商务交往上,讲真话就不累,讲假话就累。讲假话,没有生命力,讲真话反而有生命力。

根据这个情况,我们所有的烦恼都在跟真实对抗。

所以,以后看到一个不是放松的人、不真实的人,就知道没什么大本事。

真话是无虚假点缀和曲意修饰,不受功利意识和个人考量影响的话,是发自讲话者内心,真实反映企业经营过程中的所见、所闻、所思、所做、所感、所悟的话。

真话有时会逆耳,实情有时会无情,但不讲真话,不听真话,就难以有效地解决企业问题。

心合四十二:独立

看到一个人,如果比较淡定从容、挥洒自如,就知道,今天遇到高人了。

企业领袖这样存在着,不受周围的影响,进入当下的轨道,与众人合,他不再是一个独立体。

心合四十三：显现

来上三合，不是给他输入什么，而是要引爆他原有的智慧；不是加给他什么，而是启迪他原本丰满的想象力；也不是让他明白什么，也不是让他顿悟明了什么，而是让他体验什么。

所有伟大人物都是一个真实自然生活的人而已。

企业领袖要进入的境界就是真实自然地生活，这是最简单的生活方式，也就是"大道至简"。

只要到那个心合点上，企业领袖一切都会美好起来。

心合四十四：梦想

人为梦想而活，没有梦想，人就会消失。

梦想是水，浇出生命的苗；梦想是苗，长出生命的树；梦想是树，开出生命的花；梦想是花，结出生命的果。

梦想是春天，孕育着希望的生命；梦想是夏天，开出了希望的花朵；梦想是秋天，收获了希望的果实；梦想是冬天，埋下了希望的种子。

梦想就像一个指南针，指引你前进的方向；梦想就像远方的一座灯塔，照亮你前进的道路；梦想就像一艘航船，迎风破浪，驶向胜利的彼岸。

所以当我们经营一个团队的时候，要把团队的人带到一种梦想，努力奋斗就能实现的梦想。

心合四十五：链接

企业领袖就是懂得链接，就是懂得爱生灵万物，就是懂得一切生命链接上，如养盆花养棵草、周游世界，才能有心合感觉，否则便没有心合感觉。

链接是"合"的过程，然后就产生激情，成为有激情、有梦想的人。

企业领袖下班后回到家，看到地里有一个种子发了芽，已经不忍心把它踩了，拿个小碗或者盘儿弄点水把这种子养上了，就是心合链接，必成大业。

心合四十六：激情

企业领袖的智慧来自于和生灵万物、宇宙万物的链接，没有链接就没有三合，就会脱离生活，脱离现实。

普通老板的消亡始于链接的消亡。

因为当我有链接的时候，那就是只要我做个事，做个决策，一行动的话，就是以一顶十、顶百，没有链接的时候做十年，也不如有链接的时候做一刻。

因此，佛教讲的一刻就是永恒！一刻就是全部！老子讲的厚德就是一德，一德就是大德。

心合四十七：释放

当我跟外围一切链接的时候我就会美，这就是心合。

心合的真正感觉就是：我是一切，一切是我。

企业领袖体会到的是没有思绪、没有思维，就那样存在着，就这样，吸收无限能量，和天地直接对接，与天合、与地合、与人合，然后会自动与心合。

不要再想自己成为什么，知道自己永远成为不了什么，只能尽情地工作、尽情地生活、尽情地释放。因为释放什么就是什么，就成为什么。

心合四十八：照耀

一切皆为背景，一切为我所用，所用皆为众生。

企业领袖就是每天早上随着太阳升起很清醒来，把前一天所有的负能量统统删掉，心无挂碍地开始一天的三合工作。

心合四十九：全力以赴

一秒一个德、一步一个印，通往内在光辉的大门将会开启，企业领袖的生命定会有质的蜕变，心合时刻就会自动到来，也就是觉醒的时候到来。

道本无言可述，我当全力以赴。

后记
POSTSCRIPT

觉知了

觉之秘—天
知之秘—地
了之秘—人

天之秘—客
地之秘—物
人之秘—心
心之秘—德

邀论三合

登高问月,天为何物?
月眼禅定,民食为天。
转身明了,良企天合。
员工老板,互为天道。

触问圣岩,地又何物?
岩光夺目,扎根为地。
起身惊醒,大企地合。
产品岗位,互为地道。

拱手问伯,人又何物?
微言说道,非人即人。
惊跳彻悟,百企人合。
上下内外,互为人道。

至此问己,心又何物?
天地人合,心合自合。

 企业领袖三合智慧

三合智慧中国梦

三合智慧
让企业运转不再困惑的课程，
让生活更幸福的课程.
她触动了无数员工全身心交给企业
交给顾客。
她引爆了无数老板成就员工顺带成就自己
她帮助了无数学员找到了成功的钥匙

与天合
找到老板第一重"天"
（员工）
为什么我的企业那么多问题
为什么同样的问题反复出现
为什么效率上不去

解脱之道
就是进入

《企业领袖三合激励智慧》
让我们找到困惑的根源
让我们找到激励的密码

后记

与天合
找到老板第二重"天"
（顾客）
何为"市"
何为"场"
何为"营"
何为"销"
让消费者变成推广者
让消费者变成代理商

解脱之道
就是进入

《企业领袖三合营销智慧》
让我们找到营销的真谛
让我们找到三合的营销

与地合
找到老板第一分地
（身体）
健康的身体是事业的保障
我们一起揭开亚健康和各种疾病的面纱

解脱之道
就是进入

《企业领袖三合健康智慧》

天合心态

地合饮食

人合运动

让我们永葆青春

让我们梦想远航

与地合

找到老板第二分地

（产品）

物美价廉已经不能代表这个时代

用智慧把产品无限升值

具体通道

就是进入

《企业领袖三合产品智慧》

让我们的产品惠及民生

让我们的产品畅销世界

与地合

老板第三分地

（资本）

如何分红

如何众筹

如何进行股权激励

如何进入资本市场

得资本者得天下

中国企业的下一轮竞争是资本的竞争

资本经营

是企业的最高水准

是最为关键的核心经营战略

具体通道

就是进入

《企业领袖三合资本智慧》

让我们进入资本的港湾

让我们用资本的力量实现企业腾飞

与人合

第一境界

人合第一如何想

起心动念定结果

让企业老板找到灵魂

实现

用企业产品帮助更多的人走向幸福

具体通道

就是进入

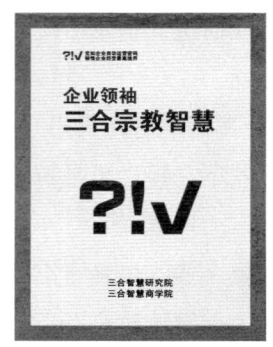

《企业领袖三合宗教智慧》

让我们的企业与宗教一样生生不息

让我们的企业与宗教一样爱满人间

与人合

第二境界

人合第二如何说

气质逻辑激情说

就是

用气质和人格魅力

把你独到的见解和观点以爱的形式释放出来

让人喜欢

让人相信

让人行动

具体通道

就是进入

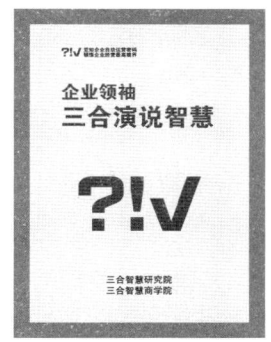

《企业领袖三合演说智慧》
让企业家风采吸引一流人才
让企业家风采显现企业文化

与人合
第三境界
人合第三如何干
想说写做省后干
收到
请放心
保证完成任务

具体通道
就是进入

《企业领袖三合执行智慧》
让我们的员工不再找借口
让我们的企业拥有军队般的执行力

自动与心合

找到心

落地核心与心合

心合智慧心心合

让我们爱员工就像爱自己的孩子一样

让我们爱顾客就像爱我们的家人一样

让我们爱社会就像爱我们的家族一样自然流淌

具体通道

就是进入

《企业领袖心合智慧》

草根企业也佛心

三合智慧合佛心

助推中国企业腾飞

助推中国伟大复兴

后记

无忧煮酒论英雄

三合思维出智慧
事不成典誓不休
成功何须问大小
无忧煮酒论英雄

CCTV 中国品牌创新发展工程推荐品牌
企业领袖三合智慧EMBA总裁班
企业领袖 三合激励智慧 ?!V 三合商学院
企业领袖 三合营销智慧 ?!V 三合商学院
企业领袖 三合健康智慧 ?!V 三合商学院
企业领袖 三合产品智慧 ?!V 三合商学院
企业领袖 三合资本智慧 ?!V 三合商学院
企业领袖 三合演说智慧 ?!V 三合商学院
企业领袖 三合宗教智慧 ?!V 三合商学院
企业领袖 三合执行智慧 ?!V 三合商学院
企业领袖 心合智慧 ?!V 三合商学院
三合智慧 中国行 ?!V 三合商学院
?!V
花城商学院三合智慧中国行

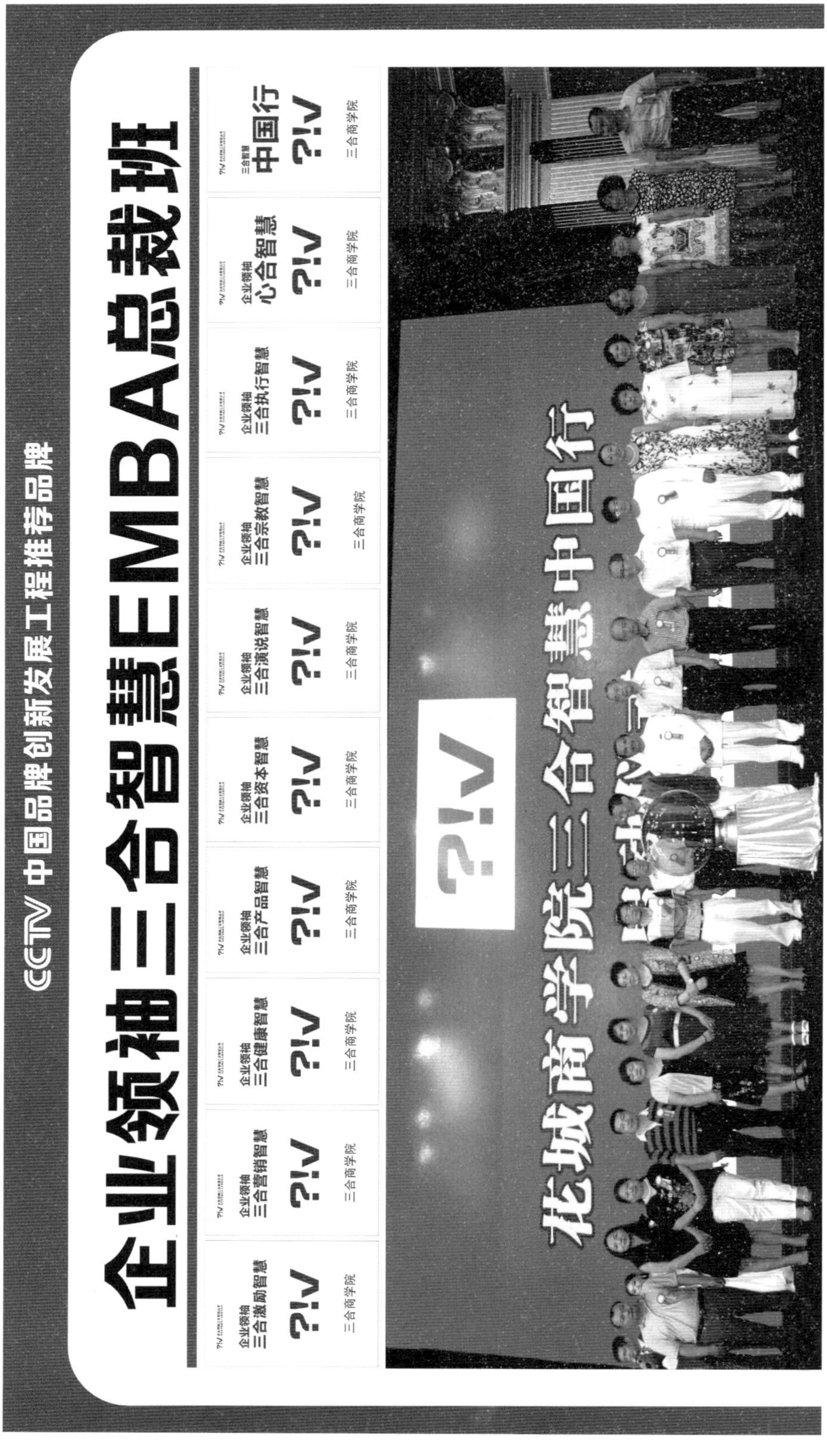

《企业领袖三合智慧 EMBA 总裁班》课程体系

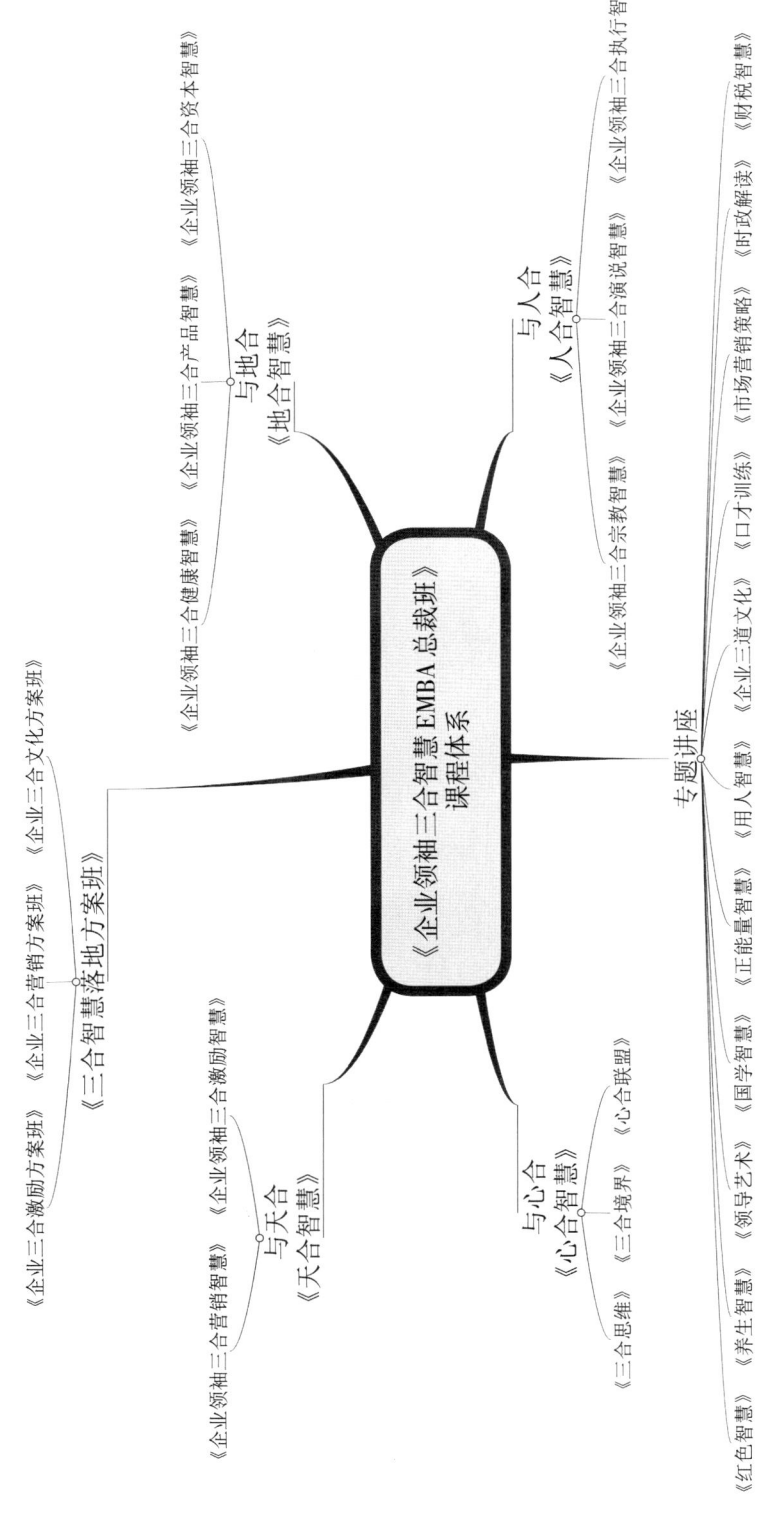

 企业领袖三合智慧

立即行动

帮助他人顺带帮助自己
购本书赠朋友
一定对朋友有帮助

赠人玫瑰
手留余香
微信

扫码进入
企业领袖三合智慧研讨会
民建中央建华企业家课堂
公益举办